チェーンストア
組織の基本

成長軌道を切り開く「上手な分業」の仕方

渥美俊一
Shunichi Atsumi

ダイヤモンド社

はじめに

以下に挙げた設問に、あなたならどう答えるだろうか。

(イ) 命令とはどういうものか
① なぜ命令は守られにくいのか
② 命令する側に問題があるとすれば、それは何か
③ なぜ命令で部下の思想と行動の自由を束縛するのか

(ロ) 組織とは
① どんどん担当者が替わることは、悪いことか
② チェーンストアの場合、本部と店舗との関係はどうあるべきか
③ 部と室の間のそれぞれのセクト主義は悪いことか

(ハ) マネジメントとは
① 管理するとはどういうことか。何ができることなのか

はじめに

② 「責任を負う」とはどういう意味か。数値責任はなぜ実現できないのか
③ 会議は有効か、より有効にするにはどう変えればよいのか

(二) マニュアルとは

① マニュアル通り実行する人をどう思うか
② どんなマニュアルなら良いのか
③ 誰がどんな方法で決めるべきか

本書執筆の目的は、組織と管理とについてのあなたの理解を、まったく新しく変えることである。

だから、いま面倒でも右の各問について、あなたの答えをメモしておいてもらいたい。そして本書を読み終えたあと、これらの質問にもう一度答えてみてほしい。そのときあなたは、いまメモした答えとはまったく別の回答ができるはずである。

そのような漠然としたあなたの印象を正確に築き直すために、組織論という人類文明最高の経験法則を、チェーンストアの経営知識としてまとめたのが、本書である。

序文

今日、わが国の企業においては、ほとんどの分野で、人類の経験法則としての理論体系が整えられている。生産・販売・業務・計数、あるいは原料と材料の生産と製品加工・作業・物流、財務、金融、投資、施設、販売促進といった各分野ごとに、その気になればいくらでも勉強ができる。

しかし、組織運営についてだけは別である。毎日のように現場で問題になっている「責任」と「義務」、「命令」と「報告」さらに「評価」という用語をめぐって、それらはいかにあるべきかについて、ことごとに互いの意見は分かれてしまっている。そもそも「職務」とは何か、「報酬」は何への対価なのか。いや、上下の「階層」や横の「職能」間の関係はどうあるべきかといった問題について、合意されることはきわめて稀である。

これこそ、日本の企業の日常で起こっている運営上の大問題である。それはとりもなおさず〝組織管理理論〟の不在を意味しているためなのである。

私は若い頃、全国的な学生運動組織の中枢にいた。当時わが国は第2次世界大戦敗戦直後で、連合国占領軍の支配下にあったが、総司令部民間教育局が全国的に募集した「青

年指導者リーダーシップセミナー」に参加したことがある。そこで日本の敗戦原因が、単に軍事面や政治思想面での立ち遅れによるものではなくて、組織理論体系文明の欠如によることを思い知った。

その際、私がはじめて学習したことは、次の原理だった。

すなわち人類が集団活動をすると通常は烏合の衆となり、成員の能力の総和を大幅に下回る力しか発揮できない。しかし人類は数千年間にわたる経験法則として、分業のあり方を蓄積してきた。それによって成員個々の能力の総和をはるかに上回る集団の力、すなわち組織力を発揮できる。これこそ永年にわたる人類文明の成果なのだ。従って人々がまず入手すべき知識体系は組織分業の原則なのである、というものだ。

いいかえれば、「リーダーシップ」とか、「権限（決定権）」、それにつながる「責任（アカウンタビリティ）」と「義務」との区別、さらに上下の「階層」、横の「職能」の分け方についての人類の経験法則について理論体系がすでにできていたのだった。

それなのに、日本の社会は軍事面だけではなく、政治、行政、学界、産業界といういずれの世界でも右の大事な諸概念があいまいで、あるべき形は漠然としたまま、集団の力を十分に発揮することをできないでいたのである。

私の当時の立場は、互いに権利がまったく平等で年齢・経験や報酬上の格差もない学

生運動の中で組織運営を担うことであった。それでも団体として堂々たる統一行動がとれたのは、アメリカ直輸入の組織分業論の概念とテーゼとを活用したからである。

その後卒業して読売新聞社に入った。仕事は自由奔放に見える編集記者だったのに、この新聞社は日本のどの会社にも負けない厳しい組織運営のキマリと習慣とを確立していた企業だった。私の職場生活はまずこの洗礼を受けたわけだ。

30歳代になって、日本の「商業経営」担当記者に任命されたが、この流通業界こそは、組織理論がまったく不毛な砂漠地帯であった。

どの商業経営指導家も商業学会の教授たちも、いや経営者自身、誰ひとりとして組織論の知識を持っていなかった。そのくせ、部長やバイヤーや店長という肩書きが多数あった。そうした肩書きのある人に対して毎日「君の責任だぞ」「命令したぞ」「義務を果していないぞ」と上司は部下を叱りまくり、他セクションの攻撃をしていた。

誰がどんな職務上の条件で問屋を決めるのか、在庫過多や赤字は誰が悪いのか、逆に売れたときの評価はといった大事な話が、関係者のその場限りの気分や思いつきで処理されていた。熱意、肉体的な努力、恐らくは「元気いっぱい」で「過重労働を」「ニコニコして」し続けていることだけが高く賞賛されるという、皮相な尺度ばかりが横行する

6

社会だった。

当然に、私のこの世界における主張は最も尖鋭的となった。その武器は、欧米のチェーンストアが150年間にわたって経験法則を築きあげてきた「チェーンストア組織論」である。

世間では、私の経営論はビッグストアづくり論で、後にチェーンストア産業論に変化したと見られているが、私が1950年代から主に話していた理屈は、実はこの組織論が中身だったのである。

もうひとつ組織管理論で見逃せない効用がある。

どの企業もいずれ必ず、いつかは遭遇するのが、業績不振という現象だ。問題は、そのほとんどの場合、対応が弥縫策に終始してしまうことである。そのあとどんどん傷口を広げ効率低下を早めてしまうのだ。何が不振や失敗の直接原因なのかが追及されないからである。

ではなぜ多くの場合、追及が中途半端に終わって因果関係が解明されないまま、リストラが遅延してしまうのか。

その答えは常に、幹部のひとりひとりの職務上の責任と義務とがあいまいだというこ

とである。業績低下や悪化の直接原因は、誰が何をした、あるいは、しなかったことなのかと、日本の流通企業では常に明確にできないのである。

組織管理の経験法則は、業績の良い場合も悪い場合も、どの職位の、誰の功績または過失・怠慢なのかを、明確にするための法則でもある。

リストラ（経営改革）の決め手は、このチェーンストア組織論に明るくなることだと、私は信じている。

わが国にチェーンストア産業をつくるべく私が主宰した「ペガサス（チェーンストア経営理論）セミナー」は1962年に第1回を開催したあと、今年2008年末までに延べ2481回を記録した。(注)そのすべてのセミナーで、表題がストア・マネジメントでも、商品力強化や、レイアウトや製品開発手法や作業システム、教育体系でも、いずれの場合も、それぞれ講義1～6時間分のチェーンストア組織論についての章が、テキストのページとして組まれている。その延べ講義時間は計50時間分を超える。

今回のこの書物は、チェーンストア組織論の手引書としての基礎編である。実際の適用や応用編はこの5～10倍の頁数で説明されるべきものだ。

とにかく、少しでも早くとあせりながら、遂にいままで書物として発表できなかった

序文

のは、わが国で組織論を展開すること自体あまりにも前人未踏の分野だったためだ。

ちなみに、書店内に並ぶあの膨大な経営図書関連の書棚を眺めてみても、まとまった企業の組織論はほとんど見つからないだろう。基盤となる基礎理論、いや肝心の用語解説すら、明快に答えてくれる書物は容易には発見しにくいはずである。

本書の執筆はその出発点を提起する私の論である。

なお、本書は私の組織管理関連セミナー講義記録から、日本リテイリングセンターリサーチャーの渥美六雄が成文化したものである。

２００８年秋、チェーンストア産業が半世紀かけて、ようやくでき始めた日本で

渥美俊一

（注）
２０１０年７月２１日に永眠するまでのペガサスセミナー回数は、２５２１回。
２０１９年２月末現在のペガサスセミナー通算開催回数は、２７４７回を数える。

チェーンストア組織の基本　目次

はじめに 序文 ... 2

第1章 チェーンストアの組織管理の意味 ... 17
　I 組織論とは ... 18
　II 分業とその軌道 ... 28
　III マネジメント ... 38
　IV 企業文化 ... 42

第2章 分業の原則 ... 55
　I 組織分業の示し方 ... 56
　II 階層 ... 60
　III 職能と職位 ... 73
　IV 組織図の重要性 ... 80
　V 本部と現場の分業 ... 86

第3章 組織の動かし方原則

- I 命令の与え方 … 93
- II マニュアルづくり … 94
- III 責任と義務 … 104
- IV 責任制度 … 120
- V 観察・分析・判断 … 127
- VI 責任の評価方法 … 143

… 151

第4章 チェーンストアのスペシャリストの任務と職務 … 155

- I 2つのライン職能比較 … 156
- II 商品部のマネジメント … 170
- III ストアマネジメントの方法 … 195
- IV ラインスタッフの意義 … 204

- V　スタッフの任務 … 212
- VI　サービスの任務 … 223

第5章　組織の開発 … 227

- I　組織の変更 … 228
- II　人事制度転換計画 … 232
- III　配転計画 … 246
- IV　教育システムの原則 … 259
- V　組織開発担当者の任務 … 268

第6章　チェーンストアの労働環境の実態と改革手法 … 273

- I　労務管理の現状問題 … 274
- II　労働条件の改革方向 … 287
- III　労働組合の基礎知識 … 300

第7章 トップ・マネジメントの役割 ... 311
  I トップ・マネジメントの条件 ... 312
  II 経営者の責任 ... 322

結びにかえて ... 336

附録資料 ... 343
  A チェーンストア組織を学ぶための文献・資料
  B 渥美俊一著書の歴史的発展
  C 日本リテイリングセンター開催の定型・定期セミナー体系
  D 日本リテイリングセンター方式〝職能〟適性検査

用語索引 ... 348

第1章　チェーンストアの組織管理の意味

I　組織論とは

組織論の発明

　最初に理解してほしいことは、そもそも「組織」とは何か、組織管理とは実際には何を行うことかということだ。

　人間社会では、何かの事を実行するために10人が集団をつくる場合、その10人分の能力の総和が集団の力として実現されることは滅多にない。通常、それは6、7人の能力の合計分しか機能できないのである。

　なぜなら、人はみんな異なる考えや価値観をもとに判断し、それぞれが勝手に行動しだすものだからだ。そうなると、せっかく人々が共通の目的のために集合したはずなのに、集団の力は分散してしまう。こういう状態を烏合の衆と表現するのである。

第1章　チェーンストアの組織管理の意味

しかも、ときには集団内でお互いに対立し合い、仲違いや抗争をもたらすこともある。もはや力を合わせるどころか、集まった目的自体が変わってしまうのである。

そうした事情から、人類は社会という集合生活が避けられない場で、数え切れないほどの成功と失敗とを積み重ねてきた。その長い歴史から生まれた経験法則が、組織論として生まれた知識なのである。

組織論を持つことで、人類は2つの新しい可能性を手にすることができた。

第1は、ばらばらに判断し行動する人々の能力を結集し、共通の目的に向かわせることである。放っておけば分散してしまう集団の力を、各人の行動を整合させることで力の分散を回避するその方法が「分業」である。

第2に、個人では獲得することができない能力を得ることである。つまり、集団内で異なる能力を持った人々が協力したり、新たに教え合ったり、他人の目的のために自分の力を使ったりすることで、1の能力を持っていた人がその2倍、3倍の実力を発揮できるようになったのだ。

したがって、10人が集まったとき10の力を発揮させるばかりか、それを15にも、20にも拡大させられる、そういう知識が分業論、つまり組織論なのである。

だからこそ、古より人々はこの組織論を学として議論し続けてきた。その結果、今日

のすばらしい人類文明を築くことができたのである。文明史にはいつの時代にも、前代未聞の発明や革新が繰り返し起きてきたが、それは偶然その時その場所に奇跡が起こったためでも、天才がいたわけでもない。歴史とは、集団が互いに知恵を出し合うという最善の方法を、人々が経験法則として学んだ成果なのである。

これは、19世紀後半から欧米社会に始まったチェーンストア産業づくりにおいても、そして、その産業づくりの運動を日本の社会でも起こそうとする、あなたの会社とあなた自身においても同じだ。

だからこそ、組織論は我々にとって最も基礎的な行動原則を教えてくれる知識なのである。

流通業における組織論

この組織論はさまざまな社会であまたの人に論じられてきた。政治でも行政でも学問の世界でも、産業界では製造業、金融、建設、運輸業界でもそうだ。だが、我々が属し

第1章 チェーンストアの組織管理の意味

ている流通業では、この知識は最もなじみが浅いものなのだ。

私が約50年前に流通業に携わるようになった当初、一番驚いたことは、どの商業経営雑誌にも指導家の論説にも、組織論がひとことも話題にされていないことであった。

当時は、欧米ではチェーンストアという経営システムが人々の毎日の暮らしを支えているということが、やっと日本に紹介され始めた頃だ。私は大望を抱いた血気盛んな若い経営者たちと手をたずさえて、日本の社会にそれを築造しようと学習を始めたところだった。

その頃、日本の流通業はごく少数の百貨店以外どこも零細企業ばかりで、小売業だけでなく食堂業もその他のサービス業もまだ多店舗展開を目指していなかった。先例がなかったために、我々がチェーンストア化を目指すには、これまでの慣習とはまったく別の方法で資本と人材とを結集させる必要があったのである。その必要性の説得から、我々の組織づくりの取り組みは始まったのだ。

だが、日本の流通業界にはその組織づくりがわかる人が誰もいなかった。

商業経営指導家の意見を求めようとしても、彼らの多くは中小企業を対象にした会計士や、売場陳列や接客ノウハウの専門家で、大型企業の組織のしくみについてまったく説明できなかったのだ。

商業学会の教授の方々の見識も頼ってみたが、その説明には整合性がなく、よくわからなかった。ひとつひとつの組織用語について定義や説明を求めても、はっきりとした答えはもらえなかったのである。逆に、「世の中が曖昧なのだからこそ、それを明確に定義するのが君たちの社会的な義務だ」とさえいわれ、たしなめられてしまう始末だった。

戦後他産業との違い

ところで、戦後日本の産業界で最も早く復興を成し遂げ、さらに急速成長をしたのは製造業であった。そこではアメリカ占領軍の主導で企業診断が行われ、新しい科学的なマネジメント手法が教育されていた。特に中小企業育成は国の重点政策で、大阪と東京と横浜にあった商工指導所を中心に、中小規模の製造業のレベルアップを目的としたインダストリアル・エンジニアリング理論の啓蒙活動が行われていた。中でも、横浜での生産管理技術理論の教育は突出していた。そこは工場の組織管理を行うときの基礎知識を普及させていた機関なのである。

第1章　チェーンストアの組織管理の意味

私は当時たまたま読売新聞横浜支局の遊軍記者だったので、その診断現場をしばしば訪れていた。指導現場を取材する傍ら、特別に興味を持ってその方法論も学習していたわけだ。

さらに、私の勤務していた読売新聞社は、ジャーナリズムでは出色の組織づくりの上手な企業だった。実際、組織管理が進んでいたからこそ、私が入社したときにはまだ朝日新聞社や毎日新聞社より小さい規模だったのに、後年にそのマネジメント力で世界最大の発行部数を誇る大新聞社になった。幸運にも、私はその組織づくりの中心にいたことになる。

もともとそれ以前の学生時代の7年間、私は戦後の社会復興や全学連などの全国的な学生組織の中枢で情報・組織担当だったから、組織運営についてのノウハウも多少身につけていた。

そうした前提で流通業に首を突っ込んだからこそ、驚きは大きかった。そこには、組織管理という概念がまったくなかったのだ。

一方、工業の世界では、製品仕様は数字で表さなければならない。従業員に対しても個々の作業について、それを実行するのに必要な道具と動作と手順とが、はっきりと言葉と数字と図形とで示されている。行政が行った企業診断により、戦後製造業の近代化が急

速に進んだのは、そういう慣習がまず育まれたからだ。

管理の欠落

ところが、流通業では誰が何をすれば職務を完全に遂行したのかという、根本的なキマリ（基準）がない。端的にいえば、何をすれば自分自身の職務を果たせるのかがまるっきり曖昧なのだ。

たとえば、商業経営者に「店員は何をするためにそこにいるのか」と尋ねる。すると相手はとっさに、「客が知りたい商品の特徴を説明するためだ」と答える。そこで、私がインダストリアル・エンジニアリング的調査法で、店員は1日にどれだけの時間、客への商品説明という会話をしているのかを調べてみると、その時間は1日あたり僅か10分間足らずしかない。残りは、ただ店内にぼうっと立っているか歩き回っているだけ、たまに商品に触っているだけだったのだ。

繰り返し述べるが、製造業経営が進んでいるのは、職務や作業の内容が誰にでもわか

る数字と言葉と図と道具とで示されており、求められる具体的な成果がひとりごとにはっきりと決められていたことだ。だからこそ、作業をする人の行動もその結果も、他の人から見て客観的にできばえを評価することができるのだ。

一方、流通業ではそれができないのが当然だとされている。あるべき方法と結果とが、曖昧にしか表現されていないからだ。だれが何をどうすべきなのか、どの道具をどのように活用すべきか、どれだけの量をこなすべきなのか、あるいはどれだけの時間を費やすべきなのか、その結果はどのようなものでなければならないのか、誰もわかっていないのである。

それなのに、日本では何となく大勢の人が集団で営業活動を営んでいる。そこでは、あくせく動き回ることと、熱心そうに心をこめているように見えるかどうかだけが、業務に従事しているということの証明になってしまう。一方、人々の努力がどれだけ集団共通の目的に貢献しているか、ひとりひとりの力が整合して働いているかは、まったく問われることがない。

要約すると、流通業には組織つまり集団管理の考え方がないのだ。これは、流通業において組織論が欠落していることの必然的な結果である。そもそも、管理するという行為も思想もなかったということだ。

だから、我々がチェーンストア経営システムを目指す以上、組織論の勉強は避けては通れない必須教育課題だったのである。

組織づくりのモデル

では、この組織づくりのモデルについて考えてみよう。

学界や産業界では、そのモデルは大手製造業だとされている。国内だとかつてはソニー、松下電器や三菱資本系の企業が観察対象で、組織づくりのモデルとされてきた。現在はトヨタやホンダなどがよい事例として盛んに取り上げられている。

しかし、こうした企業が自社の組織づくりにおいて参考としたモデルを調べてみると、そのすべてがアメリカ企業だった。IBMやテキサス・インスツルメンツやゼネラル・モーターズなどの製造業である。

そしてさらに米国内でそれらの源流を追究していくと、必ず最後に最良のモデルとして論じられていたのが、石油産業コンツェルンのエクソン（Exxon、日本では「エッソ」

第1章 チェーンストアの組織管理の意味

として知られる）と、1980年代まで長らく世界最大の小売企業であった、シアーズ・ローバック（Sears Roebuck）社なのである。

我々が学ぼうとした組織づくりモデルの源流は、実はアメリカでどこよりも多数の事業所管理、つまりチェーンストア経営システムを持っていた企業2社なのであった。アメリカの経営学研究機関ではどこでも、当時この2社をケーススタディの対象にしていた。世界で最も事業所数と従業者数が多く、複雑な人間関係のもとでも滞りなく業務遂行をしているこれらの企業こそが、経営管理、すなわち組織管理研究者の関心事となっていたのだ。

ここで我々が得た結論は、組織管理のあり方については、すでに欧米で150年以上の歴史を持つチェーンストア産業の経験法則に学ぶべきだ、ということなのだ。

II 分業とその軌道

分業のしくみ

 アメリカのチェーンストアから学ぶべき組織管理の急所は、「分業のあり方についての経験法則」である。
 先に述べたように、組織論とは集団が烏合の衆にならないように、個々人が目的を共有し、協力し合うことで、総力を最大限に発揮するための方法論である。組織づくりとは、その経験に基づいて、ひとりひとりの行動がお互いに整合するように、制度や慣習を決め直すことである。
 そうした制度と慣習を分業のしくみと呼ぶ。組織論とはこの分業が確実に効果を上げるように組織管理を行うための原則集なのだ。

それにもかかわらず、実際に多くの企業で組織管理が話題にされるとき論じられるのは、誰を何という部長にするか、その代わりに誰を課長にするかといった、肩書の表現や人の名前のやりくりについてでしかない。しかし、誰が何を任務とすべきか、その具体的職務をどう表現するべきかについては、誰も気にかけないのだ。

肩書ならば、いくらでも増やすことができる。むかしある会社で、妻が肩書を気にするからという理由で管理職をみな「部長」と呼ぶようにした。そうすると、上司ばかり部長でずるいというから、部下を全員「課長」と呼ぶようにした。

その会社は結局、責任と義務を持つ人と義務を持つ人の区別がつかなくなり、数年後にその制度を止めてしまった。つまり、肩書が問題ならば、簡単に増やすことができる。しかし、これでは能率の良い戦闘的組織づくりはできない。

日本の流通企業内でみんなが困っているのは、ある職務を実行することになっているのは誰か、正確にはわからないことである。肩書の呼称を変えても、職務の分担が明らかにはなるわけではない。本当は、それこそが組織管理で解決すべき問題なのだ。

分業のキマリ

組織管理上、我々が必要とする具体的な知識とはどのようなものなのか。

第1は、分業を行うために必要なキマリの決め方についての原則である。

世の中にあるキマリの多くは、自分で自覚しなくても家庭内で自然と身につけることができて、特別な努力をしなくとも概ね守ることができる。それらは、我々の日常ですでに習慣化されているのだ。たとえば、日本語が母語であれば、その文法や慣用句の多くは意識しないうちに一応学ぶことができる。

しかし、流通業では違う。ほとんどのキマリが習慣化されていない、あるいは、そもそも習慣化すべきキマリがないことが多いのである。

日本国内では、信号は赤で止まらなければならない。これは法規というキマリで決まっているが、それを知らなくても多くの人にとって習慣化されている。しかし、あなたの会社では違う。店ではどういうときに店舗後方在庫が過剰であるのか。掃除や陳列位置についてはどうだろう。そのキマリを誰も正確には知らないのではないか。

あなたの家族内では誰が味噌汁をつくっても、だいたい同じ味付けになるかもしれない。しかし、あなたの店の従業員はみな別の塩分量を適切な味だと判断するだろう。会

社という組織は、別々の家庭や学校生活で育ってきた極めて異質な人々から成る集団だ。
だから、キマリが自然とできあがるということはあり得ないのだ。
そこで、あるべき形でキマリを決めることが組織管理には不可欠となる。その決め方については、人類が築いた組織論と、特にアメリカのチェーンストアが成功と失敗とを重ねて来た経験から導き出された定石とから学ぼうというわけである。

人材対策

第2は、分業の担い手となる人材を揃えるしくみづくりである。
分業のキマリを決めるためには経験法則を学べばよい。この場合はトップの頭の質や、天才的なひらめきが必要なわけではない。とにかく、すでに最善の方法として証明されている組織管理上の原則をすべて勉強すればいいのだから、何も迷うことがない。すでに述べた通り、私が主催するセミナーでは組織論に関する講義も延べ50時間分あるがそのすべては、3年間ほどかければひととおり受講できる。簡単なことなのだ。

しかし残念ながら、それであなたの会社がチェーンストアらしい組織づくりの軌道を歩めるわけではない。むしろ、そこからの道のりが本当にむずかしいのだ。学ぶことよりもそれを実行できる人々を育てあげるには、膨大な時間と費用がかかるのである。

1960年代はじめから、私が主宰するチェーンストア経営研究団体「ペガサスクラブ」において、チェーン化をめざす商業経営者たちは、この組織論を最大の武器としてチェーンストア産業化の道を歩みだした。当時はみな零細企業だったから、傍観者たちは我々のことをずいぶん大風呂敷を広げていると見ていた。だが、結果的に結成からわずか10年後の1972年、我々のグループのメンバーであったダイエーは、百貨店の三越を抜き、売上高では日本最大の企業となった。

それでも、私は日本に本格的なチェーンストアが実現するのにはあと半世紀必要だと考え、当時から2010年代に向けた組織づくりに50年間の歳月を費やすのだと、はっきり明言してきた。

その理由は単純である。我々がモデルとしたアメリカのチェーンストアは、長い時間をかけて組織づくりを行ってきた。先述のシアーズも、設立から現在までに120年以上経っているのだ。そういう先達が行った組織づくりの実験から結論を学ぶことで、我々はその期間を3分の1にできるはずだが、それでも50年間は必要というわけである。

第1章　チェーンストアの組織管理の意味

計算すると、分業を担う優れた人材を採用するのにまず10年間、次にその人材を専門家として育てるのにひとりあたり20年間、さらにそういう人物を社内に100人から200人揃えるのにさらに10年間かかるとすると、一度も失敗することがないとして合計40年間かかるということだ。

だが、この40年間というのは短すぎるのかも知れない。実際には、いつまでたっても人材と呼べる人の数が増えないのが、ほとんどの企業の実状なのではないか。それは人材対策の方法が根本的に間違っているからだ。

チェーンストアの組織分業を担う専門家集団をつくりあげるには、次の3つを従業者たちに約束できることが大前提である。第1は、自己育成を継続できる環境であること、つまり企業が公平な教育システムを用意すること。第2は、彼（女）らが努力に見合った正当な待遇を受けられること。第3に経験を積んだ後は自身の職務を通じて社会貢献ができることだ。

これらを堂々と約束できる企業は少ない。そこで、組織論から（1）人材を育てるためのしくみづくりの原則を学び、（2）教育システムづくりと（3）職場環境の改革をしなければならないのだ。

トップのやりたいことができること

次に、我々が目指す組織管理の状態について説明しながら、組織づくりの課題を説明する。

第1は、トップのやりたいことがどんどんできる状態をつくることである。トップの役割は、企業としての方針を決め、その実現のための重点政策を人々に明示することである。

それがどれだけ広く早く実現できるかどうかが、組織管理を示す水準なのだ。逆にいえば、トップがやりたいことをどんどんやれないのは、知識や判断力不足のためにトップ自身が決断できないからではない。組織管理が進んでいないためだと考えたいのである。

トップがやりたいことがあるのに決定できないと感じるのは、周りに有能な側近がいないからである。はっきりいえば、トップの頭脳の質が問題なのではない。トップ自らができない部分を補える人が、どれだけまわりに多数育っているかが重要なことなのだ。

逆にいうと、トップが決定する重点政策がどんどん成果を生み出している状態とは、人材の育成対策が的確にできていて、分業体制がどんどん実現している成果なのである。

そういうと、トップの部下の中には、「うちのトップは間違ったことをどんどんやろう

として、逆に組織管理の破壊者になっている」と感じる人が出てくるかも知れない。

しかし、それはその部下たちが、トップが正しい判断をするための十分な情報を提供していないからだ。その場合トップからいえば、側近が力不足のために自分ひとり暗中模索で判断をするしかなく、本当に不自由なのである。これこそ人材対策と分業制度の未熟のために、組織管理が良い軌道上を進んでいない状態の表れなのである。

職場の明るさ

第2に、組織管理の良い状況を表すのが、職場の雰囲気である。

すでに述べたとおり、組織分業を担う人材を多数揃えるには、その職場で働けば①自己育成ができて、②努力に見合った公正な待遇を得られ、③世界中どこへ行っても将来社会貢献ができる技術者になりうるのだと、従業者が心から信じられるようでなければならない。そういう職場のことを「明るい職場」といい、チェーンストアの組織づくりの目指すべき状態とされるのである。

しかし、わが国の流通業ではこの「明るい」という言葉は、現場が和気あいあいとしている雰囲気という風に間違って理解されている。上司と部下との隔てがなく、大声のあいさつや肉体的ガンバリズムが充満し、誰かがミスをしてもみんなでかばい合っている感じがよいというのだ。もっといえば、命令が曖昧で仕事の成果に対する評価も行われず、報酬決定も客観的根拠がない状態のことだ。

こうした考えのもと、上司は朝礼や居酒屋で精神的な訓示や叱咤激励などを行い、部下を情緒的に明るく保つことが組織管理の正しいあり方だと考えている向きがある。本当はそれこそは集団催眠方式であり、組織分業と人材育成とはまったく関係のない話なのだ。

ここで私がいう「職場の明るさ」とは、そうした精神的・情緒的内容とは本質的に異なる、チェーンストアの目指すべき諸制度が整っている状態のことである。たとえば、欧米のチェーンストアが築き上げようとしている「明るさ」とは、次の内容を含んでいる。

① 命令が的確（完全・適切）で
② 部下が完全作業をすれば、その難易度と量とに応じた評価が行われて
③ 誰もが納得できる待遇（報酬と昇格昇給のチャンス）が与えられ
④ さらに自己育成（能力向上）のチャンスとして理論勉強と配転の2通りの形があり、

それが40歳代半ばまでの計画として提示される

これに加えて日本の場合、「職場の明るさ」に次の条件も追加すべきだと私は考えている

⑤ 職場の物理的（照度・温度・湿度など）と衛生的な条件が、労働環境として適切なものであり
⑥ 必要な健康診断が、確実に周期化され
⑦ 過剰労働がなく、労基法違反がないこと

こうした条件のひとつずつが職場に備わったとき、初めて働きがいのある「明るい職場」、英語では「公正」（fair）な職場といえるのである。これらすべてについての対策計画がなければ、組織づくりは適切には進行しないのだ。

III マネジメント

組織管理の技術

もうひとつ、組織管理のあるべき状態を表すのが、分業でそれぞれ別の任務を与えられた人々が、最善の方法で課題解決をするための方法としてマネジメントを理解しているかどうかである。

私が流通業の世界に足を踏み入れたとき、製造業でいち早く理解されていた科学的な管理という知識が、そこにはまったく無かったということはすでに述べたとおりである。

だが、この弱点はそれから40年経った現在でも、大して変わっていないのだ。

その理由は、管理の意味が依然として明確に定義されていないからだ。

トップが部下に、管理せよと号令を出しても、実際にどうすることなのか誰にもわか

らない。結局、叱咤激励やスローガンによって情緒的に肉体的努力を継続することが、管理の意味になってしまうのである。

この原因のひとつは、管理という日本語の言葉の意味自体がもともと曖昧なことである。だからこそ、我々はあるべき管理のことを英語でいい直して、「マネジメント」と表現する。

英語でいうマネジメントとは、①これまでの方法を変えることで、②結果を変化させ、③仕事上の本来の目標を達成することである。そのときの前提は、現状について客観的な数値尺度で表現されていることだ。それがないと、その数値をより良い方向に変更できたかどうかが判らない。これまでの方法（経営行動上の手段）を改め、現状数値を変化させること、これがマネジメントの内容である。

一方、マネジメントと区別すべきものとして、コントロールという用語がある。コントロールも、数字を使って状態を変化させる、組織管理の重要な技術だ。

コントロールとは、稼働計画や生産計画など、予め決められた期間内に計画通りに実績をあわせる技術のことである。つまり、マネジメントの目的が結果としての数値を現状よりも良い状態に変化させることであるのに対し、コントロールは計画通りに数値を維持する技術である。その具体的方法は、現在進行中の数字を観察しながら、目標数値

を達成できる見込みがないなら、作業の方法を変えるか、部下へ与えた命令を変更する、あるいは教育を追加することで、目的を達成する。

しかし、今も昔も流通業では、このコントロールも無視されている。

戦後の製造業に対して行政が提案したのは、こういうそれまでとは異なる新しい課題解決の技術と手順とであった。製品加工作業が適正なものであるかどうかは、製品の品質や製造工程や作業の内容を、数字によって記録することで観察（問題発見）される。この場合の課題は、適正品質に満たない状態が発生していればその作業方法を変えるのである。この場合の課題は、適正品質に満たない製品の発生率や生産数量などの数字を改善することである。そのために努力するのだ。

組織として、まずコントロールが実行できなければ、現状の数値をより良い状態に改善することが不可能である。だからこそ、コントロールはマネジメントの基礎なのだ。

だから、マネジメントは部下との付き合い方を変えることでもないし、人々を精神的に奮い立たせることでもない。そのような場合は別の言葉を使って、「統制」とか「激励」と表現すべきである。

マネジメントの慣習

工場では、生産ラインのどこか一カ所でも作業についてのキマリが実行されないと、製品の品質や数量に事故が発生する。同じように、組織論のモデルとして挙げたシアーズやエクソンも、何千とある店舗や部室のうちどこかひとつでもキマリどおり行われない部分があれば、運営全体がうまくいかなくなると考えるのだ。

そのため、組織のすべての成員が課題解決のために共通に必要とされる手段として、共有化されたマネジメント手法が確立されていなければならないのだ。

しかし、日本の経営専門書や雑誌ではマネジメントというと社長とその側近、あるいは、せいぜい部長、室長などの管理職の人だけが学ぶべき理論だとされている。これは大間違いだ。組織全体があるべき形で整然と動くためには、一部の人間だけがそれを理解すればいいというものではないのである。

Ⅳ 企業文化

組織づくりの最終目標

チェーンストアとして組織管理が実行されるためには、正しいマネジメントの習慣をつくり、それが組織全体の慣習へと昇華されなければならないのである。それが私の述べたい「企業文化」論である。

もともと、組織にはその集団で培われた特有の慣習がたくさんあって、そこにいる人々の行動や考え方に影響を与えているものだ。そういう、会社組織内の人々に共通する考え方と行動の様式ないしムードを、企業文化というのである。

わが社にはそういう特徴はないとか、従業者それぞれ考え方や習慣は違うと思う人もいるだろう。しかしそうではなくて、どのような人間組織も、何らかの共通のものの見

方や反応の仕方を自然とその成員に身につけさせてしまうものなのである。

それは、あなたの会社では躾や規律と呼ばれていないし、書類フォームのような形で蓄積されているかもしれない。それらにはその組織が自然と育んできた、慣習化された独特の特徴があるのだ。たとえば、書類の整理の仕方や電話の受け答え、会議の運営方法が、企業ごとにどう違うかを比べてみれば、それぞれの特徴をはっきりと見出せるだろう。いずれにせよ、そこにいると当たり前とされている慣習が従業員においのずと身についていくのが、独自の企業文化の内容なのだ。

図表1―①は、企業文化の事例を比較したものだ。たとえば、同じ事象でも企業文化の違いによって人々の反応の仕方が異なるのだ。

期待に反する事態が起きたとき、「何が原因か」と調査を始める企業と、「もっと努力せよ」と叱咤激励で終わってしまう企業とがある。組織が慣習としている行動と考え方のパターンによって、同じ出来事に対してまったく違う対応となる。それが組織全体としての対処方法の差になるのだ。

私がこれを改めて考えさせられたのが、阪神淡路大震災の時の出来事だった。早朝に地震が発生し、その地方に店を構えていた各社は対応に追われていた。私はいくつもの企業から連絡を受け、その3日後には現地指導に向かったが、その緊急事態に各社の情

43

図表1-① 企業文化水準の違い

	事象	反応の内容			
		高い水準		低い水準	
		直感	行動	直感	行動
a	眠い	健康だという実感	義務をはたしてから眠ろう	不健康	すぐ眠ろう
b	疲れた	本当に価値があったのか	もっと合理的にやろう	我ながらよくやった	早く休養しよう
c	知らない	知りたい	調べる	教わっていない	無視する
d	ミス発生	何が原因か	制度の修正と教育の追加	怒りと不安	叱責と激励
e 数字の変化	売上高減	対策のミス	原因を調査対策を変更	現場管理職のミス	怠惰評価
	売上高増	資金ぐり楽	その投資方法の標準化	自己満足	自画自賛
	在庫高増	管理不徹底	死に筋退治	利益増加	多様化時代で止むを得ない

報把握はなかなか進まなかった。

とにかく、いかにして店舗に商品を補給するかという課題を前に、A社の人は「物流経路が塞がり5時間かかるから無理だ」と判断して、対策をあきらめた。

B社は、「5時間かければ配達できる」と考え、実行に移した。そのおかげで、この企業の店は周辺住民に水や食料をなんとか提供し続けることができて、小売業としての社会的責任を果たせたのである。

しかし、あとから判ったのがまた別のC社の対応である。この会社は、「道は塞がっているが海上輸送ならできる」と別のルート開拓を行い船で運搬した。

同じ状況下で、A社、B社、C社はまったく別の対応をした。客観的立場から聞くと、A社の判断はB社やC社と比べるとまったく不適切だった。しかし、当事者にそのような反省はなかったのだ。緊急事態だからこそ露骨に現れるのがその組織の毎日の行動と認識の慣習、つまり企業文化のレベルの差なのである。

組織づくりの最終的な目標は、わが社によき企業文化を培うことである。組織管理の前提となるマネジメントや職場環境についての慣習を新しい従業者たちに自然に身につけさせて、10年後、20年後、そして50年後にもわが社の従業者がチェーンストア経営システムを担い、人々の毎日の暮らしに貢献できる状態を目指したいのである。

よい企業文化

図表1―②は、商業におけるよき企業文化の例である。

今から300年も前に、日本の商家が伝統として築き上げた企業文化の一端である。

これらは番頭たちが永年かけて日常で身につけた考え方と行動の法則だ。それらが商家という組織全体に慣習化されていたのだ。

しかも、江戸商家では組織管理と従業者の生涯設計とが整合する制度をつくっていた。それは10代からはじまる丁稚奉公から手代時代を経て、40年間もかけて一人前の番頭を育てるしくみである。その期間の修業を経れば、奉公人は出身や家柄の差別なく、商人として高い報酬と立派な住居とを手に入れることができた。奉公人が長い鍛錬を耐えられたのはそのためである。商家が有能なエキスパートとして番頭を育て分業を担わせることができたのは、明るい職場の故なのである。

このように江戸商家のよき企業文化を参照すると、それはあるべき組織づくりの成果なのだとわかるはずだ。上司がいつもしつこく従業者ひとりひとりに説教していれば、それで変わるというものではないのである。

どんなにトップが人材育成の意志や組織づくりのロマンを語っていても、それが自分

図表1-② 商業における伝統的なよい"くせ"
（江戸時代からの商家のよき伝統）

---
① 1人の客でも、心から満足して帰っていただくことを喜びとする
② 客にとって有益かどうかの評価を最優先の判断とする
③ 売るための直接努力をしないで、売れていく仕組みがある
　 どんどん売れるための各種行動（×売りたい）
④ もうかりぐせ　もうかるための各種行動（×もうける）
⑤ 大事なことは、面倒でも先にやるくせ＜ドライ商法＞
⑥ しなければならぬことは、疲れていてもやりぬくくせ＜ドライ商法＞
⑦ やる以上は確実にやろうとするくせ＜システム分業＞
⑧ 完全作業をするくせ（×早さ、×多さ）
　　　　　　　　　　　　　　　　　（　）内はダメな努力を示す

の人生に大きな価値をもたらすと受け止められなければ、人々の協力は引き出すことができない。しかも、流通業では叱咤激励で、よりハードな肉体労働を促すことばかりしてきたのだから、いざチェーンストアらしい組織づくりだといっても、従業者側からすれば、トップや一部の大幹部の野心表明としてしか受け止められないのである。

わが社の組織づくりが自分にとって価値あるものだと従業者が認識するためには、それが各自の生涯設計と整合していなければならない。それには、本人の自己育成のための十分な機会が期待できる環境の提示と、毎日の努力が公正に評価されることの約束が、不可欠なのだ。

倫理的企業文化

これに加えて私が強調したいのが、企業文化の社会倫理的正当性である。

経営書や学者は、企業の社会的責任をわざわざ英語で「CSR」(Corporate Social Responsibility)と書いて、環境問題対策や本事業外のフィランソロピー活動のことを主に論じる。しかも、広告政策の一部だという人もいるのだ。

だが、それらが社会的に評価されるべき活動であったとしても、それより重要な社会貢献は、本来の事業活動を通じて何ができているかである。だから商人にとってそのバロメーターは客数であり、世帯占拠率、販売数のはずである。

商人は商品を客に提供することで、社会的な貢献を行うことができる。もし我々が、本当のチェーンストア経営システムを分業できる実力を持った専門家を、自社の20年間の教育制度によってひとりでも多く育成できるならば、その人たちが人生の後半にさまざまな立場で社会貢献をする。そういう組織の貢献の仕方を、わが社の倫理的な目標とするべきである。

そういう価値観が、組織全体に共有されたとき、その会社を英語では「アドマイヤード・カンパニー」(Admired Company)と呼ぶ。これと違って日本では、上場や資産、売上

高規模といった点での「エクセレント・カンパニー」(Excellent Company) を目指すと宣言している企業が多い。しかし、それは経営者の利己的な野望にすぎない。あるべき組織づくりの評価尺度にはならないのだ。

分業というしくみの中で特別な役割を担えるように、従業者にかけがえのない経験と教育とを与えられる企業体制を目指そうとする価値観こそ、わが社の社会倫理的企業文化であるべきだ。そういう思想をトップと幹部、そしてすべての従業者の間で共有することこそ、組織づくりで目指すべき方向である。

チェーンストアに対する初歩的誤解

しかし、日本では今日においてもチェーンストアの組織運営の原則、すなわち分業のための経験法則が正しく理解されず、逆にチェーンストア経営システムに対する間違った批判をする人々が少なくない。

その批判の中で最も多い初歩的誤解は、チェーンストア経営システムは「人間を鎖で

束縛するしくみ」だとみなすものである。これはchain つまり鎖とは、もともと人間を処罰するために肉体を縛りつけるものという前提に立っている。

しかし欧米における常識は、鎖とは人類が発明した便利な運搬道具のことであり、いかなる大きさのもの、あるいは形のものでも移動させたいときに標準化された鉄の輪が一定の法則で多数連結し、すぐ運ぶことができる優れたものだと考える。だから、それは人間の自由を奪うのではなく、分業という特別なしくみによって目標を実現する手段を意味する言葉なのである。

2つめのチェーンストアにおける分業のしくみに対する誤解は、「歯車人間にはなるな」という主張である。歯車という人類史上最も優れた発明品を否定的に受け止めて、人間の個性をつぶすものと理解するためである。

欧米では考え方がまったく逆だ。かつて、私がスイスの国立スーパーマーケット大学で聞いた話では、入学直後の講義で学生に腕時計の裏蓋を開け歯車や心棒があること、それぞれが1000分の1秒の誤差もなく整然と動き、その働きがひとつでも違ったらその時計は時刻を示せないことを教えていた。これこそ、チェーンストアの分業のあり方を表しているというのであった。

3つめの誤解は、一部の専門店やフードサービス業で、「カリスマ店長」という言葉が

第1章　チェーンストアの組織管理の意味

流行していることだ。これは、店長のガンバリズムを奨励し、結果的にはその部下に対する過酷労働と士気高揚と接客応対との強化によって、店ごとのムリな売上高増大を図ろうとするものだ。その結果、突出した売上高を実現した店長には破格の年収を与えるという労務管理方法を基にした制度だ。

実際には、店側の職務と工夫の範囲とが拡大される一方で、あの手この手主義となり、人件費と販促費とが漸増して、逆に大部分の店長は低賃金で過重労働の犠牲となりやすい。労働基準監督署から摘発も増える。このため店長は現場作業者の憧れの的でなくなり、カリスマ店長は30歳代で行き場を失ってしまうのである。

しかし本来のチェーンストア教育制度では、店長を何店分かを完全にこなした後、一部の人はエリア・マネジャー、ゾーン・マネジャーと店舗運営担当副社長まで昇りつめ、大部分は30歳代後半あたりから本部のエキスパートの担い手となり、40歳代で本部機能を分業できるスペシャリストへと育っていく。だから店長職位はこうした昇進過程の出発点を意味している。つまり、技術で社会に貢献する人生後半へのかけがえのない準備過程なのだ。

また、チェーンストアに反する組織形態として古くからある姑息な経営方式に「のれんわけ」がある。一般的には、本店で長年修行し技術を習得した人に家業として独立店

51

を開業させるというものだ。本当はそのまま雇用していると賃金が上がっていくので、フランチャイズチェーンのジー（加盟店）にしてしまおうというアイデアなのだ。

似たような店がどんどん増えていくように見えるが、標準化は後退するからチェーンストアとしてのマス化効果は、あらゆる場面で発揮できなくなる。そうすると、それぞれの店が孤立するだけで、暮らしへの貢献どころか、その人は中年になってから路頭に迷いかねない。そもそも、一定の技術を習熟した人ほど辞めさせていく制度だから、本体の人材は豊富にならない。チェーンストアとはまったく逆の努力なのである。

次章からは、これまで述べた軌道の上で学び直すべき、チェーンストア組織論の経験原則をひとつずつ解説していく。

第2章では、チェーンストアの分業組織がどのようなものかを説明する。

第3章では、命令と職務、責任と義務との正しい意味を定義し、どのようなキマリを決め直さなければいけないかを明らかにする。

第4章は、スペシャリストの任務の種類にはどのようなものが必要であるか、それぞれの担当者の職務はどのように分業すべきかを示した。

第5章は組織開発がテーマであり、教育システムと配転計画と将来対策との方法を教

える。

第6章には、職場環境について実態を示し、明るい職場のために必要な改革方針を提案した。

第7章は、トップおよび大幹部が組織づくりの軌道を掲示し、これらの課題に対し適切な決定を行うための条件は何かを説明したものだ。

第2章 分業の原則

I 組織分業の示し方

役割の違いをどう表すか

ここで、チェーンストアの組織分業の形について、ゼロから考えてみよう。

日本の企業では、組織分業を表す際に、部室の看板に書かれた表記をそのまま管理職の職名に用いることが多い。その肩書を聞けばその人の社内での役割は明白だと考えられているのだ。

しかし、肩書はその人の分業上の職務について何も説明してはいないのである。まず、その人が実際に持っている決定権の範囲がはっきりしていない。その上、誰の命令で、誰を使って、何を目標とするのかも曖昧である。

図表2─①は、多くの企業で使われている悪い肩書の例である。

図表2-① 悪い肩書の例

下線部の言葉が特に意味不明（具体的にはなにが職務なのかあいまい）

1. <u>専務</u>
2. <u>総務</u>部長
3. <u>人事</u>課長
4. <u>企画室</u>長
5. <u>営業</u>部長
6. <u>販売</u>部長
7. <u>仕入</u>部長
8. 商品<u>管理</u>課長
9. <u>販売促進</u>課長
10. 売場<u>担当</u>課長・部門長
11. <u>販売員</u>
12. <u>次長</u>

よく調べてみると、これらの肩書を持つ人物が実際に期待されている職務内容は、企業によって大きく異なっている。そればかりか、同じ社内であっても前任のAさんと後任のBさんとは、期待される役割がまったく違うのである。そうなってしまうのは、肩書は通常、入社何年目かが判るように自動的に付けられるものであり、その人の組織分業における具体的な任務とは関係ないものだからである。つまり肩書は上下をわける階層の表現以外の何物でもないのだ。

多くの企業では誰もこの問題点を指摘せずに、肩書によってその人の職務までが決まってしまうものだと何となく考えられている。

さらに悪いことに、トップを含め従業者の大多数は「肩書が偉そうな人は他より多くの給

料をもらっているのだから、任務がたくさんあり、さらにどんどん増えていくのは当然だ」とすら考えていることだ。

たとえば、商品部長だと「商品に関することは何についてもその人が判断しろ、いや、良いも悪いも何でもその人の責任(？)だ」と考えられている。新しい経済情勢への対応も、未来戦略についても気がついたときには、とにかく何でもやらねばならないことなのである。そのせいで、肩書のある人は「なんでも屋」になってしまっているのだ。

流通業では、店長も地区長も職務種類がどんどん増えていく上に、それをいかに果したかよりも肉体的に献身的な努力をすることが美徳とされ、その量（印象の与え方）に応じて評価されるという悪しき伝統がはびこっている。その結果、ひとりひとりの従業者が実行するべき職務が一層わからなくなっているのである。

しかし、チェーンストアにとって、このような慣習は分業の否定であり、組織管理の原則に反するものだ。実直な人が何でもかんでもやろうと仕事の種類を増やし続け、ひとりで汗水を流し続けていると、そのぶん組織分業のしくみが破壊されていると解釈するのだ。

だからこそ、個々人の努力が組織にとって最善の成果となるしくみをつくろうとしているのが、いま我々が取り組もうとしている組織づくりの目的である。そのためには、わが

社のあるべき分業の形と、ひとりひとりの従業者の職務が何かを長い組織管理の経験法則に従って明確にしていくことが不可欠なのである。

そこでまず出発点は、部課や役職の名称に代わる、組織分業の表記の仕方を見直すことだ。

組織分業の用語

従業員ひとりごとの職務の違いを表すには、次の3つの用語がある。

① 階層
② 職能
③ 職位

次に、これら3つの重要な用語の意味を順に詳説しよう。

II 階層

階層の意味

「階層」とは、従業者同士の職務上の違いを示す一番大きな分類である。

この「職務上の違い」をよりわかりやすくいえば、命令系統の上下関係の区別のことだ。同じ組織目標を実現するためでも、上司と部下とでは任務が違う。

たとえば日本では、トップが「労働生産性、月85万円を実現せよ」という経営政策を掲げるとき、部長も地区長も店長も店員もすべてが同じ文句を大声でいえることがよい企業だとされやすい。しかし本当はA部長はトップの意向をうけて「作業単純化と標準化」が解決すべき経営課題となるべきだ。その上でB店長は上記の課題を果たすためのひとつの手段として「部下の来週1週分の稼動計画の作成と実行」が職務となる。次に

B店長の部下のC作業員は、自分が割り当てられた作業種類を完全に実行する。その結果として労働生産性は85万円になったとしても、これらB、Cの人が85万円という数値を覚えているかどうかは組織管理上はどうでもよいことなのだ。このように、同じ組織の共通目標に取り組むのに、Aさんに命令される任務とBさん、Cさん向けとは異なる。

これはそれぞれが別の階層であるからだ。

しかし階層はしばしば、単に賃金格差を表す「階級」の名称と混同されがちだ。日本の多くの企業では、店舗運営部長と店長との職務の違いが曖昧で、そのために賃金格差でしか肩書の違いがわからなくなっている。

職務の違いによって階層を決めなおすには3種類の階層に減らすことだ。その3階層とは、「トップ・マネジメント」と、「スペシャリスト」と、「ワーカー」とである。

トップ・マネジメント

トップ・マネジメントとは、社長と他の取締役など3〜15名によって構成される、企

業の政策決定を行うメンバーである。この人たちは5、10年後の未来の企業のあり方を想定して、企業全体の運営指揮を司ることが職務である。そのためにはあらゆる手段を取ることが期待されている。

ここでいう「企業全体の運営指揮」とは「戦略」と「経営戦略」という2つの異なる概念を含んでいる。

トップ・マネジメントの人々は、組織をあるべき状態に近付けていくために、10～20年間は決して変えてはならない基本対策つまり「戦略」と、5～15年ごとにガラリと内容を変更すべき時流に乗るための対策、いいかえれば「経営戦略」とを区別して考え、実行しなければならない。

まず「戦略」の主なものは資産対策と人材対策である。どちらも長期間で時間をかけて少しずつ築きあげてゆくべきテーマだから、年度ごとに方針や原則が違ってしまえば結実しないものだ。逆に、「経営戦略」は業態やフォーマット（出店対策、価格帯、商品の機能などの特徴）を選ぶことで、その時々の時流に乗ることが必要なのである。それが時代遅れになる以前に改変するべき課題である。

これまでの経験上、この戦略と経営戦略とではトップ・マネジメントの中で、担当者を分けるべきだとされている。それを明確にしたのが図表2－②である。

第2章　分業の原則

図表2-② 3種類のトップ・マネジメントの分担原則

例	会長(または社長)	社長(または専務)	副社長(または常務)
性格	ビジョンと方向づくり	軌道(制約)の決定	社長の腕と脚
日常	(1)店回り (2)重点課題のみ	(1)数表どおり (2)方針とワクの厳守	(1)商人らしさ (2)是が非でも実行させる
態度	ヒューマンタッチ	フォーマル	ストロング
任務	人事と投資計画と成長率	方針・制度の変更と投資と出店の内容決定	商品政策とコントロール
現在の重点	企業文化づくり	フォーマットづくりとシステムづくり	技術水準の向上
任務	戦略	経営戦略	戦術
数値責任	経営効率項目を分担すること		

戦略と経営戦略の2つとは別に「戦術」が必要だが、それは「技術」対策のことだ。この技術は毎月、毎週ごとに新しく進歩し続け、変化も続けなければならない競争対策の決め手である。この技術対策の更新は、すべてのスペシャリスト共通の任務とすべきものである。

しかし、「戦略」と「経営戦略」の2つのテーマとは、トップ・マネジメントの人々だけが自らの職務として実行しなければいけないものだ。その活動を通じて企業の10年後から50年後への想定をすることが、トップ・マネジメントの任務なのである。

スペシャリスト

これに対してスペシャリストの多勢は、トップ・マネジメント側から示された軌道上で、自身の経験と知識とをフルに活用して効率数値をよい方に変化させる専門家集団である。当然ながら、この階層の人は充分な職場経験を持ち、特別な体系的技術教育を受け、厳しい選抜試験を合格したエキスパートであることが条件である。

第2章 分業の原則

図表2-③ スペシャリストの種類

	職種	数値責任の方向	数値責任を果たす方法	資格試験
マネジャー・スペシャリスト	管理	変化させる	命令と教育とで部下に作業をさせることによって	30歳以上、1〜2回
タレント・スペシャリスト	技術	変化させる	自ら作業・決定をすることによって（部下を持たない）	35歳以上、2〜3回
ヘッド・スペシャリスト	技能	変化させない	自ら作業・決定をすることによって（部下を持たない）	30歳と40歳前後の2回

それぞれのスペシャリストが持つ特性を種類ごとに分けると、図表2-③のように「マネジャー・スペシャリスト」と、「タレント・スペシャリスト」と、「ヘッド・スペシャリスト」の3つとなる。これらは、職務遂行の手段と、育成方法が異なるのである。

マネジャー・スペシャリストは、職務上の目標を達成するために部下を自らの手足のように使うエキスパートである。そのためには、マネジャー・スペシャリストにはマネジという技術を持つことが条件である。

日本の流通業では、部下を使うということ、叱咤または激励によって士気を鼓舞することだと間違って考えられている。だが、チェーンストアでいうマネジとは、部下の

ひとりごとに作業種類ごとに現場教育とそのつどの作業命令とを適切に与え、完全作業をさせる技術である。逆にいえば、そのマネジの能力を身につけた人だけがマネジャー・スペシャリストとして部下を持つことができるのである。

他方、タレント・スペシャリストとヘッド・スペシャリストとはどちらも直属の部下を持たない。だから、部下に作業をさせることによって目標を達成するのではなく、自分自身が直接作業をするだけで職務上の目的を達成する人々である。

タレントとマネジャーの2種類のスペシャリストはいずれも、経営効率について計画期間中によい方向に変化を起こさせねばならない。これを「数値責任制」という。

しかし3つ目のヘッド・スペシャリストは、効率数値を変化させないこと、結果を常に一定の枠内に維持することを職務とする人である。いわば職人芸的技術を持ったベテランのことである。もちろん部下にさせるのではない。部下を持たないスペシャリストだ。

ワーカー

スペシャリストに対し、すべての作業について完全作業を果たすことを求められる階層がワーカーだ。

ワーカーは、スペシャリストやトップ・マネジメントと異なり、新しい開発や開拓を要求されるわけではない。マニュアルで予め決められた作業方法（道具と動作と手順と）をすべて正確に守って行動することが、ワーカーの職務だからである。

これについて日本で多い誤解は、ワーカーとはパートタイマーだと考えることである。日本の会社で最も重視する従業者の区別は、正規従業者と非正規従業者、社員と嘱託、派遣社員、パートタイマーといった雇用形態の区別である。だが本来、給与の支払方法と職務の果たし方の違いとは関係ないのだ。

実際、アメリカのチェーンストアでは異なる会社の複数の職場で、数時間ずつまったく同じ職務をこなしている、パートタイマーのスペシャリストもいるのだ。当然、そういう人は特定の特別な能力があるわけだから、多くの正社員よりも高い時給を稼いでいることもあるのだ。

日本の流通業では、職務や作業の難易度の違いを区別せず、階層という概念だけで従業者を区別しようとするから、ワーカーは一番時給の低い人々のことだと間違って思われがちなのである。

トレーニー

そもそも、パートタイマーと社員との区別にかかわらず、スペシャリストとしての資格が認められるまでは、全員ワーカーという階層である。

チェーンストア経営では、新卒からスペシャリストになるためには10年間以上、ふつうは20年間を超える自己育成期間が必要である（図表2—④）。その結果、厳しい複数の社内選抜試験を通過した者のみがエキスパートとして認められる。

トレーニーとは、その自己育成期間中のスペシャリスト候補のことであり、階層は基本的にワーカーである。ふつう5～10年間勤務し、30歳前後に現場の作業種類をひとおり完全作業ができるようになったあとで、トレーニー資格試験がおこなわれる。

第2章 分業の原則

図表2-④ 自己育成の手順

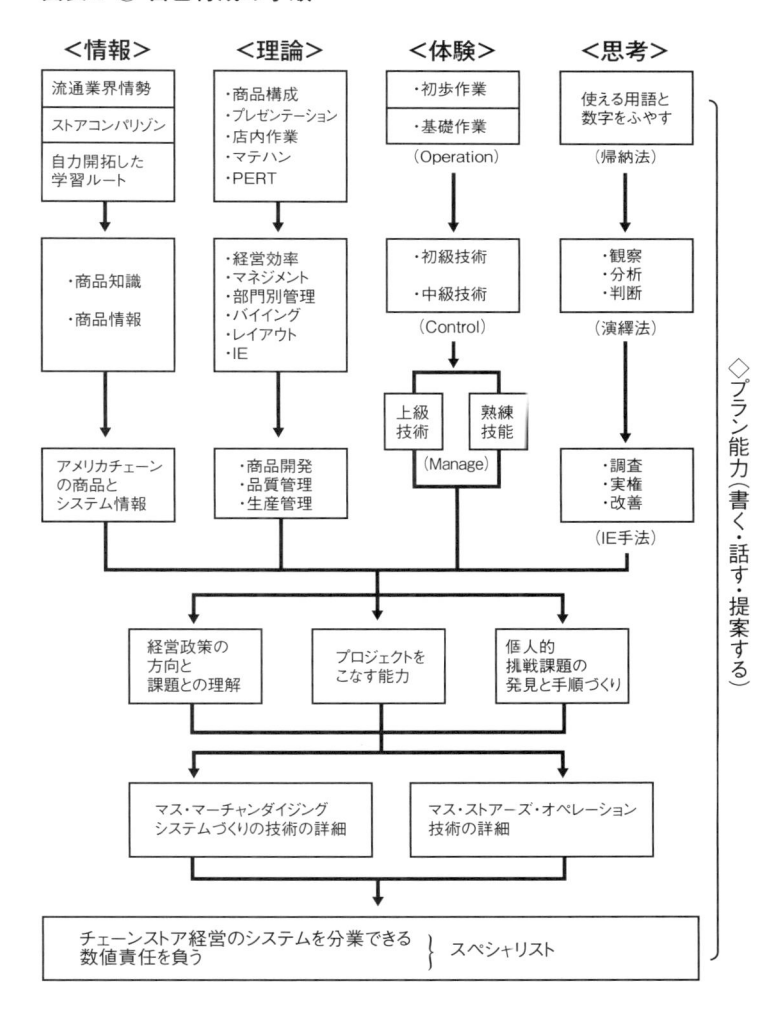

＜情報＞

| 流通業界情勢 |
| ストアコンパリゾン |
| 自力開拓した学習ルート |

↓

・商品知識
・商品情報

↓

アメリカチェーンの商品とシステム情報

＜理論＞

・商品構成
・プレゼンテーション
・店内作業
・マテハン
・PERT

↓

・経営効率
・マネジメント
・部門別管理
・バイング
・レイアウト
・IE

↓

・商品開発
・品質管理
・生産管理

＜体験＞

・初歩作業
・基礎作業

（Operation）

↓

・初級技術
・中級技術

（Control）

↓

| 上級技術 | 熟練技能 |

（Manage）

＜思考＞

使える用語と数字をふやす

（帰納法）

↓

・観察
・分析
・判断

（演繹法）

↓

・調査
・実権
・改善

（IE手法）

◇プラン能力（書く・話す・提案する）

↓

| 経営政策の方向と課題との理解 | プロジェクトをこなす能力 | 個人的挑戦課題の発見と手順づくり |

↓

| マス・マーチャンダイジングシステムづくりの技術の詳細 | マス・ストアーズ・オペレーション技術の詳細 |

↓

チェーンストア経営のシステムを分業できる数値責任を負う ｝ スペシャリスト

69

トレーニーになると、能力給体系に入り、マネジとコントロールの勉強に取り組むこととなる。いいかえれば、「調査」と「実験」である。当然1～2週間ごとに「観察・分析・判断」または「実験」レポートの提出義務を負うこととなる。

日本の流通業では、このトレーニーという特別な制度がなく、在籍年数が増えると自動的にスペシャリストに登用されることが多い。しかも調査、実験の訓練期間もないのである。

チェーンストアの教育システムでは、トレーニー制度によってスペシャリストになる直前の10～15年間に十分な自己育成を行い、その後の40歳代前半にスペシャリスト資格試験に挑むというしくみである。

階層の数と人数のバランス

では、なぜ階層はきびしく3種類にわけるべきなのか。

その理由は、階層の数がふえるにつれて責任と決定の所在があいまいになるからであ

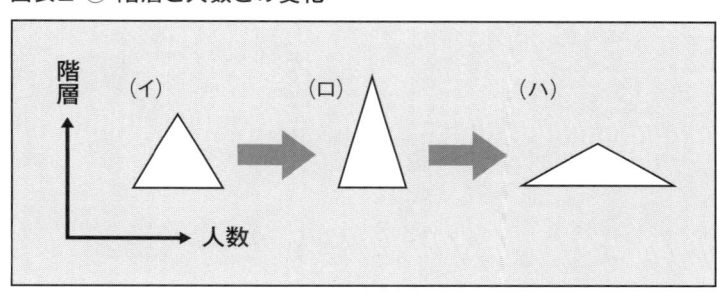

図表2-⑤ 階層と人数との変化

(イ) (ロ) (ハ) の三角形が並ぶ図。縦軸：階層、横軸：人数。(イ)は中程度、(ロ)は縦長、(ハ)は横長の三角形。

　たとえば日本の流通業の場合、肝心の商品構成はいったい誰が決めているのか、誰の責任なのか、明確に説明できる企業はほとんどないはずである。理由は階層数が多すぎるからだ。

　ふつう、企業規模が大きくなるほど、必ず階層の種類数が増えてしまうものだ。

　図表2-⑤はトップ・マネジメント、スペシャリスト、ワーカーの各階層と人数の関係がわかるように、三角形で示したものである。どこの企業もトップ・マネジメントは一番人数が少ない集団で、ワーカーは最大数を占めるだろう。これら階層を上下に並べると、図のようにピラミッド形になる。いや問題はその形状だ。

　図にある3つの三角形のうち（イ）を見てみよう。これは、わが社がまだ小規模で、階層数はせいぜい3段階の状態である。

　しかし間もなくその階層の数がどんどん増えはじめる。

会長、副会長、社長、専務、常務、取締役、部長、副部長、課長、次長、係長、主任という具合だ。

その組織の規模が大きくなりはじめると、自然と（ロ）にあるような縦に長細いピエロ帽形の三角形になっていく。

そうなると、職務を果たす人の上下の責任、つまり決定権はあいまいになる一方で、さらにひとりの上司が持つ部下の数もだんだん少なくなる。その結果、あらゆることが無責任となるばかりか、肝心の職務を果たすために使える部下が足りなくなる。そのため、必要な改革や制度づくりが滞ったままとなってしまうのだ。

一方、（ロ）と比べると（ハ）の方は横幅があって階層数が少ない。これはトップ・マネジメントとスペシャリスト階層とワーカー階層という3階層だけにしぼられている状態だ。その各集団内では、それぞれ異なる多様な種類のテーマの職務が実行されているのである。

この（ハ）の形を目指すのが、チェーンストア経営の経験法則なのだ。これに近づけるために行う階層数削減が、組織改革のひとつなのである。

III 職能と職位

職能は5種類

階層が組織分業の縦の関係を表すのに対し、「職能」は横の分業を説明するために必要な用語である。また、それをさらに具体的に、個人ごとの役割を示すのが「職位」である。

まず、職能から説明しよう（ただし、ここでは概要だけにとどめて、より詳しい解説は第4章を参照してほしい）。先に階層数は3つに減らすと述べたが、この職能は5つに増やすべきなのである。

図表2―⑥にチェーンストア組織に必要な職能5種類を挙げている。

オペレーションラインとは、店舗や物流・加工センターで営業に関する完全作業とその際のコストの削減とを任務とする集団である。クリエイティブラインは、商品の集荷

図表2-⑥ 5つの職能

職能の名称	スタッフ	サービス	ライン・スタッフ	クリエイティブ・ライン	オペレーション・ライン
所属	本部（トップ直轄）	本部（トップ直轄）	本部（トップ直轄）	本部	店舗と物流センター
数値責任の種類	資本収益性・成長性・安定性の経営効率（計画との誤差率）	コスト削減率	方針との誤差率	貢献差益高または販売量　＜小売業＞坪あたり荒利益高　＜FS業＞1メニューあたり荒利益高	坪あたり営業利益高（センターでは誤差率）
任務	①トップの方針・政策の起案　②企業全体の長期的成長対策の決定	①事務　②初歩訓練	①調査、改革　②キマリの徹底	商品に関する起案、決定	現場の作業完全実行とムダの排除
基本能力	コントロール力	厳正・徹底力	説得力	商品開発力	作業指揮能力
禁忌	出しゃばらない	威張らない	扇動しない	感性で動かない	催眠術をかけない
スペシャリストの種類	タレント	マネジャー	タレント／マネジャー／ヘッド	タレント	マネジャー／ヘッド
年齢層　適切	45歳以上	30歳以上	40歳以上	40歳以上	30歳以上
年齢層　見習	40歳以上	27歳以上	35歳以上	35歳以上	27歳以上

から販売終了までの営業活動の決定と調整を行うことが職務上の大テーマである。通常、この2つが営業活動を直接担当し、ライン職能と呼ばれ、チェーンストア組織では最多の従業者数を占める。従って、この2つのラインの長は多数のスペシャリスト部下を持っている。

これに対して、ラインスタッフはオペレーションラインとクリエイティブラインとの両方に関わり、トップ直属で営業活動上の新しいキマリの起案や決定を行う担当者集団である。ここに経験豊富なエキスパートを配置できることが、組織づくりの決め手となる。サービス職能は主に事務処理作業を任務とする職能だ。このスペシャリストは規模拡大の初期段階では最も有能な人物を配置すべきとされている。その理由は、のちの第4章で解説する。

他方、スタッフとは企業活動の目標が中長期的に達成されるように、トップに対してのみ助言と報告をする特殊なスペシャリスト集団である。社内で経験と知識とが最も卓越した人物が任命されねばならないのだ。

日本の流通業ではスタッフとラインスタッフとサービス職能は同じような事務職とみなされがちだが、この3つは職能としてそれぞれまったく独立した職務を果たすものである。中でもスタッフは、常にサービスと混同されている。さらに、ラインスタッフは

オペレーションラインやクリエイティブラインの部長の指揮下にある場合が多いのが日本の現状である。

だから、組織づくりではまずスタッフ職能に属する職位がサービス職能の職位から独立し、ついで商品部や店舗運営部からラインスタッフ職能に属する職位をすべて独立させてトップ直轄にしなければならない。

職能が必要な理由

日本の多くの流通企業では、大手でさえもこれらの職能分類が曖昧だ。その代わりに社内で日常的に使われているのが、所属する部室の名称である。

実際にAさんとBさんとの机の位置や部屋の名称とその人々の職務上のテーマとは、関係がない。たとえば、報告書の作成あるいはその文書整理を職務とする人は商品部（クリエイティブライン）にも、物流センター（オペレーションライン）にも、社長室にもいなければならないはずだ。

職位と肩書の違い

現実にはそのことが無視されていて、たとえば商品部にいる人はすべて商品部の集荷と販売方法との決定をする人だと思われていたりする。実際、バイヤーは勤務時間のほとんどを、事務作業に追われているのが現状なのだ。こうなってしまうのは、絶対に不可欠なはずの事務作業を完全にするオフィス・マネジャーが商品部内に不在だからである。したがって、部屋の区別と職務の違いは無関係であり、職能という分類が必要なのだ。

職能の中で個人ごとの分業上の任務を説明するのが職位である。ところがこの職位ごとの分業の実態は、意外にあいまいなのだ。

私たちがペガサスクラブ会員企業に書類提出を求めたり問い合わせを行ったりするとき、必ず相手の職位を教えてください、と尋ねる。実際にその人がどのような役割の人なのかを知るためだ。すると、我々とのやりとりに慣れてない人は、必ず「店長」とか「専

務」とか「副社長」とか階層名を答えてくるのだ。
そうではなくてあなたが企業組織の中でどのような職務上の役割を持っているかを教えてほしいというと、「管理している」とか、「〇〇の補佐をしている」と返事が来る。
中には、「とにかくその事業は自分が全部やっている」といきりたつ人もいる。
その人が職位を説明できないのは、そもそもその会社における分業上の役割が、ひとりごとに決まっていないためだ。本当のところ、本人も何が自分の任務なのか、何をすれば高く評価されるかもよくわかっていないようである。

チェーンストアの組織分業上必要な職位は、１５０年間の経験原則から決まっている。
それを示したのが図表２―⑦だ。
チェーンストア企業が３桁、４桁という莫大な店数の運営をするには本来、これだけたくさんの専門的職位が本部側には必要で、それぞれの職位に就く人がまったく別の職務を分業していなければならないはずなのである。

第2章　分業の原則

図表2-⑦　チェーンストアの標準職位組織図

タテ書きは職能の名称、ヨコ書きが職位の名称　　　　　　　　　　　　　　（太字は不可欠なもの）

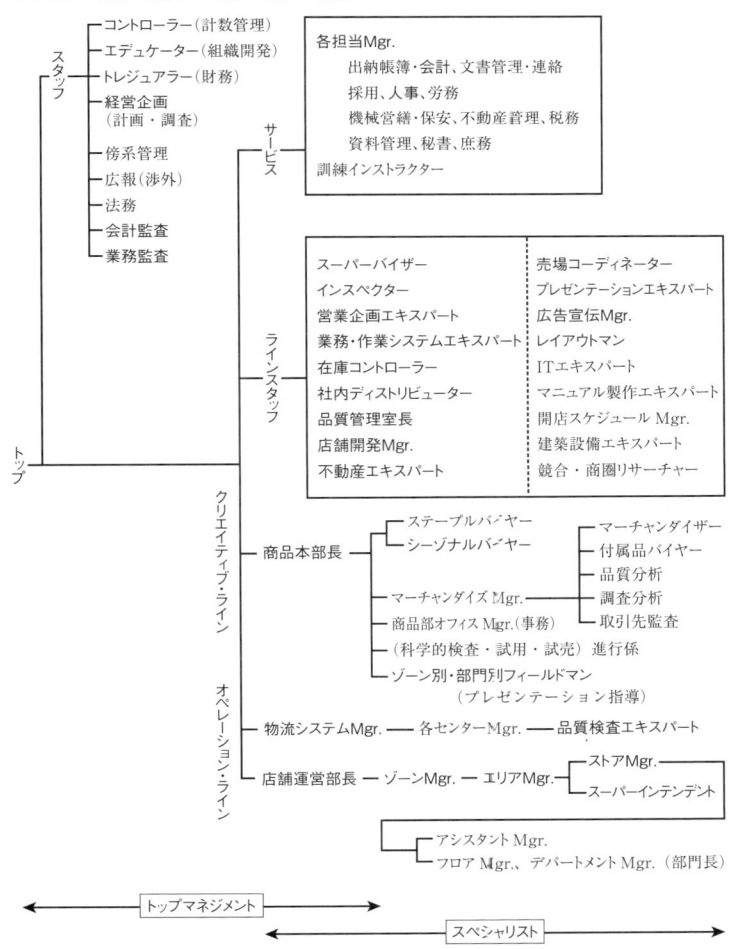

```
                ┌─ コントローラー（計数管理）
                ├─ エデュケーター（組織開発）       ┌─ 各担当Mgr.
         スタッフ─┤─ トレジュアラー（財務）         │    出納帳簿・会計、文書管理・連絡
                ├─ 経営企画                      │    採用、人事、労務
                │  （計画・調査）                 │    機械営繕・保安、不動産管理、税務
                │                   ─サービス─────┤    資料管理、秘書、庶務
                ├─ 傍系管理                      └─ 訓練インストラクター
                ├─ 広報（渉外）
                ├─ 法務
                ├─ **会計監査**
                └─ **業務監査**

                                    ┌─ スーパーバイザー       │ 売場コーディネーター
                                    ├─ インスペクター         │ プレゼンテーションエキスパート
                                    ├─ 営業企画エキスパート   │ 広告宣伝Mgr.
 トップ                              ├─ 業務・作業システムエキスパート │ レイアウトマン
                        ─ラインスタッフ┤─ 在庫コントローラー     │ ITエキスパート
                                    ├─ 社内ディストリビューター │ マニュアル製作エキスパート
                                    ├─ 品質管理室長           │ 開店スケジュールMgr.
                                    ├─ 店舗開発Mgr.           │ 建築設備エキスパート
                                    └─ 不動産エキスパート     │ 競合・商圏リサーチャー

   クリエイティブ・ライン
                                    ┌─ ステーブルバイヤー ─┬─ マーチャンダイザー
                        ─商品本部長──┤─ シーズナルバイヤー  ├─ 付属品バイヤー
                                    │                      ├─ 品質分析
                                    ├─ マーチャンダイズMgr.──┼─ 調査分析
                                    ├─ 商品部オフィスMgr.(事務)└─ 取引先監査
                                    ├─（科学的検査・試用・試売）進行係
                                    └─ ゾーン別・部門別フィールドマン
                                       （プレゼンテーション指導）

   オペレーション・ライン
                        ─物流システムMgr.── 各センターMgr.── 品質検査エキスパート

                        ─店舗運営部長── ゾーンMgr.── エリアMgr.┬─ ストアMgr.
                                                             └─ スーパーインテンデント
                                                                  ┌─ アシスタントMgr.
                                                                  └─ フロアMgr.、デパートメントMgr.（部門長）
```

←─── トップマネジメント ───→　　　　←─────── スペシャリスト ───────→

Ⅳ 組織図の重要性

組織図の欠陥

いま見た職位体系図のように、ひとりごとの職位がはっきり明記されて、組織全体の分業の状態を職位で示したものが、本来の組織図である。

多くの企業の場合、組織図に掲載されているのは、部室名称だと先に批判した。もうひとつの現状組織図の欠点は、階層、つまり上司と部下の関係がわからないことである。だから、店舗運営部長の部下は、オペレーションラインの全従業者ということになってしまう。その結果、命令と報告との手続きが複雑になって、職務の割り当てもなおざりになる。

図表2─⑧を使ってあるべき上司と部下との関係を説明しよう。

第2章　分業の原則

図表2-⑧　上司と部下との関係

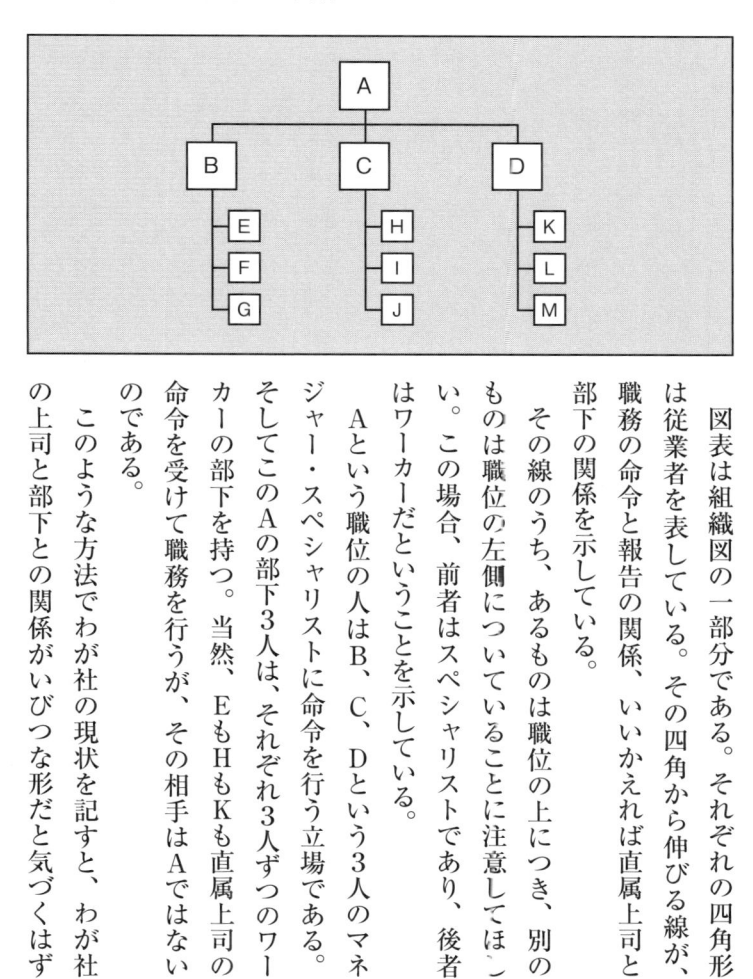

```
          ┌───┐
          │ A │
          └─┬─┘
    ┌───────┼───────┐
  ┌─┴─┐   ┌─┴─┐   ┌─┴─┐
  │ B │   │ C │   │ D │
  └─┬─┘   └─┬─┘   └─┬─┘
    ├─[E]    ├─[H]    ├─[K]
    ├─[F]    ├─[I]    ├─[L]
    └─[G]    └─[J]    └─[M]
```

図表は組織図の一部分である。それぞれの四角形は従業者を表している。その四角から伸びる線が、職務の命令と報告の関係、いいかえれば直属上司と部下の関係を示している。

その線のうち、あるものは職位の上につき、別のものは職位の左側についていることに注意してほしい。この場合、前者はスペシャリストであり、後者はワーカーだということを示している。

Aという職位の人はB、C、Dという3人のマネジャー・スペシャリストに命令を行う立場である。そしてこのAの部下3人は、それぞれ3人ずつのワーカーの部下を持つ。当然、EもHもKも直属上司の命令を受けて職務を行うが、その相手はAではないのである。

このような方法でわが社の現状を記すと、わが社の上司と部下との関係がいびつな形だと気づくはず

81

である。

第1に、多くの企業の場合、ひとつの職位の人に対し上司がたくさんいる。原則はひとりだけでなければならない。

第2に、階層の上の人ほど部下の数が少ない。ひどい例だと、社長の部下は副社長ひとりだけ、その部下は専務ひとりだけという形になりがちだ。

こうした部下と上司、命令と報告のあるべき関係については、第3章で述べる。

組織図の使いみち

組織づくりをする際は、職位と職能と階層との区別がわかるように組織図を描き、組織分業の実態を知った上で、わが社のどの部分を否定し、どのような長期対策が不可欠なのかを判別したい。

しかし、わが社の長期的な経営計画のために、組織図を正しく描き直すことが必要なのだと、理解している人は少ない。

たまに従業員が組織図に関心を持つのは、昇進のときだけだ。本人の肩書が図上に載るようになると、家族に自慢するネタになる。というのも、肩書が組織図の上の位置にいくほど、給料が上がることの証明になるからである。

つまり、日本では組織図の役割は賃金の高低明示表になってしまっている。会社の組織管理のしくみを説明し組織開発の軌道を示す、最も重要な道具だとは考えられていないのである。

わが社の組織図批判

ここで、実際には組織図が組織づくりについてどのような判断を与えるものなのかを、例を用いて説明しよう。

ペガサスクラブの会員企業向けの組織づくりセミナーの中で、私は参加者のトップおよび組織開発担当者に対してわが社の現状組織図を描かせた上で、何がわが社の問題なのかを説明するように要求している。それを継続して集めた結果が、図表2―⑨である。

図表2-⑨　ペガサス組織づくりセミナー参加者の「わが社の組織図の問題点」

1. 直属の部下の数が上の階層ほど少数(トップや専務など取締役の部下が1人か2人に過ぎない)
2. 営業企画・業務システム・店舗開発担当不在
3. 店長のシフト代行役が不在
4. 「サービス」と「スタッフ」との職能区別がない
5. ライン・スタッフがトップに直結した独立職位になっていない
6. 上位階層に秘書(事務サービス係)がついていない
7. 仕入れ担当の階層が低すぎる(若輩過ぎる)
8. 1店が狭く少人数なのにスーパーインテンデント制をとらない
9. 同族が上位階層を独占
10. 職務と命令系統のあいまいな会長、副社長、専務、常務がいる
11. マーチャンダイザーが製品開発の専任でない
12. 片仮名職位名を使っている(チェーンの本物と錯覚するので当分は使うべきでない)
13. 次長(サブ)の職務があいまい(店段階の次長はシフトとして必要だが他の次長はとにかく減らすべきである)
14. まったく同じ職名の人が複数いて、職務上の分担が不明
15. マーチャンダイザーとマーチャンダイズ・マネジャーは職務が異なるのに混同している
16. ゾーン・マネジャーとエリア・マネジャーの職務が区別されていない
17. コンピュータ関係の職位名に「システム」という言葉を使っている(コンピュータ関連は経営システムのごく一部にすぎない)
18. サービス(事務)職能職位名に業務という言葉を使う(「業務システム○○」ならライン・スタッフ職能で改善が職務である)
19. 「人事(事務)」担当の下に「教育」や「能力(組織)開発」担当職位を置いている
20. 未来対策と取組む職位はスタッフ職能として独立すべきなのに、日常対策の事務職能の中に含められている

第2章　分業の原則

自己批判の中で多いのが、とにかくスペシャリストと呼ばれるエキスパートの人数があまりにも不足しているということだ（番号1〜3、6、11）。その一方で、その人がその職位にいること自体が大問題だという反省もある（7、9、10）。そして、さらによく指摘されるのが、本来の分業のキマリと上司部下の関係が曖昧で、原理原則と反することが慣習化されているというものだ（4、5、10、11、13〜20）。

これらの批判は2、3社の人が答えた結果をまとめたわけではない。この40年間にペガサスクラブの組織づくり専門セミナーに集った、日本の流通業を代表するビッグストアの大幹部たち延数1000人が真摯に答えた内容なのである。

だから、あなた自身もこれを他社の話だと思えないはずだ。

Ⅴ　本部と現場の分業

キマリづくりと完全実行

次に、チェーンストア経営システム独特の、本部と店舗あるいはセンター（物流・加工）との関係について解説したい。この点について、日本では間違った理解が流布しているためである。

現場と本部の関係をより的確に表現しようとすると、図表2―⑩のようになる。

（イ）は、アメリカで昔から使われているたとえで、チェーンストアの営業活動を工事にたとえている。そうすると、本部側は青写真をつくる設計者である。それに対して、現場には設計図通りに作業を行う人々と、作業者に設計図どおりの完全作業をさせるべく指揮する人と、そのトータルコストを削減させる監督者という管理者がいる。これが、

86

第2章 分業の原則

図表2-⑩ 本部と現場との分業のあり方

チェーンストア オペレーション		(イ)工事 (アメリカ説)	(ロ)演劇・映画 (川崎進一氏説)	(ハ)音楽 (荒井伸也氏説)
本部	キマリを 決める	設計者	劇作家・ 脚本家	作曲家・ 編曲者
現場 (店舗と センター)	①完全実行 ②低コストで	施工者 工事事務所長	役者 監督	演奏者 指揮者

現場と本部のあるべき分業の形だとアメリカのチェーンでは説明しているのである。

これと同じく、(ロ)は戦後日本の商業経営における指導者のひとりで、ペガサスクラブのシニアコンサルタントだった故川崎進一先生が使ったたとえである。ここでは、本部と現場との関係が、劇作家つまりシナリオ作成者と現場の監督・役者との関係に置き換えて説明されている。

(ハ)はサミットの元社長、荒井伸也氏が考案した比喩だ。

いずれも要旨は、本部は現場におけるキマリを決め、しくみをつくる役割で、そのしくみを完全に実行するのが現場だという説明なのである。

「個店主義」の間違い

だが、日本では多くの人々が本部と現場との関係について、これとは異なる理解をしている。現場が営業活動を決定する場であり、本部は後始末、つまりその事務処理部隊だとされがちなのである。

そうした見方のひとつに、「個店主義」がある。個店主義は、「現場のことは店長がよくわかっているのだから、その人たちに商品や作業のあり方を決めさせよう」というスローガンのことだ。

そこでは、本部は人事や会計処理などの事務作業屋にすぎず、店側が創意工夫で勝手に営業活動を行うのを助けるのだとされる。あくまで、課題対策や方針は現場が知恵を注いで判断しろというのである。

しかし、これではグローバルな調査や研究や実験はできないし、その道の専門家の育成もできない。結局取引先のベンダーのセールスマンのいいなりになるしかないのである。これでは経営システム上の根本問題は改革されないままとなる。

チェーンストアの組織分業では、現場のオペレーションラインは完全作業とそのコスト削減とを任務としているのであり、そのキマリや政策を決定するのは、本部のエキス

パートでなければならない。

こうした現場の考え方は、人々がチェーンストア独特の組織分業を知らなかったり、職能ごとに十分なエキスパートが育成されていないとき、あるべき機能を果たせないときのごまかしなのだ。組織づくりの経験法則を学び現状否定をしない限り、多店化経営は実現できず、現場は肉体的苦労をし続けることにしかならないのだ。

本部が決定すべきこと

そこで本部のスペシャリスト側が任務としなければいけないものは何なのかをまとめよう。

第1は、管理（マネジメント）制度づくりである。これは、①目標と軌道（長期・中期・短期経営計画）の明示と、②対策の決定、③インフォメーションとコミュニケーションのシステムづくり、④教育手段の決定と推進と組織計画（採用・人事）の策定、実施、⑤計数・帳票制度づくり、のことである。

第2は、資金繰り対策である。⑥資金の調達と運用、⑦投資と回収、⑧法務と財務と寄付行為の実施、⑨パブリック・リレーションズと社外交渉、⑩監査、などの諸活動だ。

さらに、チェーンストア経営システムでは、次に挙げる第3の役割を店舗に代わって、本部のスペシャリストが果たすようになる。

その第3の機能は、商品と営業活動とのキマリを決めることである。その内容は、⑪品ぞろえ、⑫商品開発、⑬仕入れ、⑭店舗とSC開発（設計・施工）、⑮広告と販促、⑯作業・物流システム、⑰規定（規則・マニュアル・書式）、⑱労務管理と労組対策、である。

プッシュ型とプル型

チェーンストアの組織分業とは、これらの課題について本部のスペシャリストがそれぞれ異なる決定権を持つということである。だから、その人々は現場の問題点をいち早く発見し、対策を実行しなければならない。

そのような現場に対する本部の態度を、プル（pull）型と呼ぶ。本部のスペシャリスト

第2章　分業の原則

が正しい決定を行うことで職務を果たすために、現場から情報を引き出すという意味である。それに対し、日本の流通業でみられる本部の現場に対する間違った姿勢は、プッシュ(push)型である。果たすべき職務上の役割を、現場に押しつけるという意味である。

図表2—⑪はプル型とプッシュ型とを比較したまとめだ。こうみると組織分業として正しい方向がどちらか明白だ。この図表で、わが社のどの部分がプッシュ型かと、反省をしてほしいものである。

図表2-⑪ 本部による現場のプッシュ型管理とプル型管理との比較例

		プッシュ型	プル型
A	趣旨	本部から店へ一方的に要求する	現場が納得して、ぜひともやってほしいと求めてくる
B	商品(1)	売れなくても、本部は店に特定品目を押しつける	売れる品目だけを、あるべき商品回転率で（ニューアイテムも）
C	商品(2)	品ぞろえは例外を一切認めない、またはすべて店側が提案	10％未満での変形バージョンについて現場からの提案を、商品部側が認める
D	商品(3)	普通の店員が短時間に発注起案、バイヤーはうのみ	販売量予測能力のあるエキスパートがエリア単位で1SKUごとに充分時間をかけて販売量を予測
E	欠品	あるモノでガマンせよ	商品部側が欠品の理由を説明し、未納品対策の実行を期限を明示して現場に約束する
F	未納品	ナイものはナイのだ、やむを得ないと思え	発生時に、現場から本部へ緊急事故報告、バイヤーは即日原因と対策とを店に明確にし再発生を防ぐ
G	販促	とにかく、店在庫は経費をかけてでも売りつくせ、工夫せよ	本部責任で低コストなエキサイトメントを計画する
H	サービス	現場でいろいろ工夫せよ、配慮せよ（コストをかけても）	○○作業マニュアルどおりの完全作業を求める
I	提案と苦情	生イキをいうな	必ず検討し、何らかの返答をする（実行できない理由または実行時期を明示する）

第3章 組織の動かし方原則

I 命令の与え方

なぜ職務は果たされないのか

分業のしくみにとって不可欠な条件とは、職務を遂行するために自分は何をすべきなのか、従業員のひとりひとりが正確に理解していることである。

しかし、組織管理の努力がない職場では、個人ごとにやるべきことが曖昧なのである。その当然の結果として、職務を完全に果たした状態がどういうものか判らなくなっていて完全実行という考え方が生まれてこないのだ。

たとえば、上司が部下に対して「あの作業は」と実行状況を尋ねると、部下は「やりました」と返すだけである。さらに上司は、「作業をいつどのようにやったのか、その結果はどうなったのか」と確かめようとするけれども、部下の方は「とにかく順調だ」とか、

第3章　組織の動かし方原則

「一生懸命やりました」とかいう抽象的表現で答えがちなのである。ときには、「実際には別の人がやったので自分はわからない」とさえもいうだろう。

「命じたとおりにできていないじゃないか」とか、「全力を尽くしたのになぜ責められるのか」とか、「そもそも詳しく聞いていない」とか、「全力を尽くしたのになぜ責められるのか」とか、「そもそも無理難題を押しつけたのは上司のくせに」と心の中で考える。これではお互い不満が募るばかりで、肝心の職務はいつまでも不完全なまま放置される。

なぜ職務は完全に果たされないのか。それは、職務を与えられた人自身が、目標（ゴール）と、方法の2点について、具体的に知らないからである。そして、それらを知らないのは、命令をした上司が正確に職務の果たし方を教えていなかったからである。

これこそは日本の流通企業にとって、最も深刻な組織運営上の欠陥なのだ。

本来、命令とは、職務の目標（ゴール）と方法との2種類を正確に伝えることである。逆にいえば、その命令どおり完全に実行されることのみ職務は果たされることになる。

しかし、実際の職場では命令が発令されたはずであっても、それを果たすために必要な情報は具体的に伝えられない。そればかりか、そうした曖昧な命令が慣習化されてしまっているために命令への信頼性がなくなっていて、命令を完全に果たさなければならないという原則が守られなくなっているのである。

大体、多くの会社では、命令を行う際の手続きについて厳密な制度がない。だから、思いつきアイデアで作業命令が出されている。たとえば、電話や社内便や電子メールによる膨大な数の作業命令が、本部の異なる部署から店舗の誰かさん宛、または宛名が曖昧なまま、どっさり届けられているのが流通業での実態なのだ。

送り出す方は簡単でも、現場のマネジャーはどれを優先すべきかがわからなくて困る。しかももっと悪いことは、それが職務命令なのか、個人的な頼みごとなのか、あるいは、やった方が望ましいとする心がけ的な提案なのかも不明確であることだ。受け取った方はそうした比重について暗中模索を余儀なくされ、その中から実際に行動すべきなのは何かを判断しなければならないのである。

命令は報酬の根拠

だから、命令と職務との関係を再定義し、それらをすべての従業員に理解させねばならない。それには、命令がなければ職務が実行できないという、簡単な理屈を説明する

第3章　組織の動かし方原則

ことから始めるべきである。

日本の職場、特に中小企業では、命令されなくとも「自分のやるべきこと」を率先して見つけて、各自が自発的に職務を果たせ、と唱えられている。だが、これはチェーンストアの組織管理ではあってはならない状況だ。組織分業では、各自に命令された内容が完全に実行されたことだけを職務遂行の条件とするのである。

この職務と命令との関係をさらに別の言葉で表現すると、命令が完全に実行されなければ報酬の根拠がなくなるということである。本来、報酬とは「職務を完全遂行したことへの対価」だからである。

日本の会社では多くの場合、報酬の根拠が（少なくとも就業規則に表されている内容を見る限りでは）職務を完全に果たすこととは別のものにあることになっている。職務遂行に対する報酬ではなく、「存在給」と呼ぶべきものが支払われているのである。

存在給とは、特定の場所（たとえば指定された建物とその周辺）に、一定期間（たとえば1日約8時間、月21日など）いたという理由だけで支払われる給与のことである。どのような仕事をしているかに関係なく、ただ物理的に存在したという事実が給与の支払い根拠というわけだ。命令どおり正確に仕事をしたかどうか、企業に貢献したかどうかとはまったく関係がなく給与が払われているのである。

これに対し、チェーンストア企業での給与制度は、命令の具体的内容を職務として果たしたことが認められて、はじめて給与が支払われるというものである。この給与のことを職務給と呼ぶのである。

職務給制度の条件は、「報酬とは、与えられた職務を完全に果たすことへの対価」ということが就業規則上、明記されていることである。チェーンストアでは、パートタイマーであろうと高級幹部であろうと、すべての従業者は入社前にこの約束を理解し、その上で勤務を開始するという手順が守られるべきである。

しかし多くの流通企業では、この報酬の定義が就業規則のどこにも書かれていない。あるのは、労働日と勤務時間帯と休日と報酬支払い手続きの規定とだけである。これでは、従業者が会社敷地周辺にいるかどうかだけが報酬の要件であって、どのように職務を果たしているかはまったく問われていない。だから、命令のキマリがなくて職務の内容が曖昧でもいい、命令が守られなくても許されるという事態になるのである。

職務給の原理が確立されていれば、職務を正確に果たすことだけが個々人の努力の内容になる。その条件が整ってはじめて、命令が正しく行われるという原則が守られるようになるのである。

命令の内容と手順

命令は確実に実行されなければならないという権威が確立されると、次に、上司から与えられる命令の内容が、職務を完全に果たすために十分なものかが問題になる。

前章で説明したように、そもそも部下を持つ人はマネジという特別なスペシャリストであるべきだ。そして、そのマネジャー・スペシャリストの職務は部下を使って目標を達成することにある。だから、部下が完全に職務を果たせるように命令を出さないということは、マネジャーの職務怠慢か能力の欠如でしかない。そういうマネジができない人に部下を持たせてはいけないのである。

だが、現状ではマネジの技術を判断する尺度がないために、上司からの印象と本人の勤続年数と年功や経歴、性別、言葉つきや体つきなどを理由に、部下を持つマネジャーへの登用が行われているのが実態だ。これでは、部下を持つマネジャー自身が命令を正確に与えられないのも当然である。

そこで、命令で明示すべき情報内容とその方法との2点について、組織論上の原則を

明らかにしたい。

図表3—①は、命令の与え方の原則である。

①と②に、命令は必ず上司と部下の間で、一対一で行うとある。また、直属上司ではない職位からの指示は要望にすぎないと考えるべきだ。

行うのは通達ないし号令である。

マネジャーは部下を使って自分自身に与えられた職務を達成する。そのためには、部下全員に同じ役割を期待するのではなく、ひとりひとりの経験と能力に応じて実行すべき作業を決め、命令する必要があるのだ。だから、部下への命令はいつも個別対応で行われなければならず、大勢に対して同時に行われることはないのである。

また、個別対応とは部下ひとりひとりに対し、命令の内容を納得させなければならないということだ。相手の理解に曖昧な部分や不明点がある限り、命令が適切に発令されたとは言えないのである。

組織規模が大きくなると、通達文書や電話や電子メールなどが増えて一方的な命令伝達の量がひとりでに増えていく。それにつれて命令内容が不明確になりやすく、上司と部下とがお互いに納得するという当然のコミュニケーションができなくなっていく。思い違いや齟齬(そご)がどんどん増えていき、「そのような命令を受けた覚えがない」「いや確か

第3章　組織の動かし方原則

図表3-① 命令の与え方の原則

原理
- ①直接に（責任または義務をもつ相手先が判る）
　　×階層のとびこえと伝言
- ②1人ごとに（義務感がはっきりする）
　　×集団に対して同時に
- ③目的明示（ねらいが判る）
　　×ムダな努力
- ④ワーカーには予め決められた職務内の単一（それさえやればよい）作業、スペシャリストには複数の作業でもよいが、その優先順位は明示する
　　×複雑で項目が多すぎる　×作業包括委任
- ⑤報告（職務の最終段階）
　　報告がないとつぎの命令が出せない＝遊んでしまう

技術
- ⑥「道具と動作と手順」とを明示（方法がわかる）
　　×道徳的な表現
- ⑦結果は科学的表現（成否がはっきり）
　　×主観的に解釈できる
- ⑧期限つき・日付と時刻表現（計画をさせられる）
　　×そのうちにやればよい
- ⑨途中確認（考課→O-J.T.教育）
　　×見当違いのムダ
- ⑩果たせないときは反省させる（悪いくせをつけない）
　　×やらなくてもすむムード

⑪職務上の責任と義務とが明確になること

にメールで届いているはずだ」、といった押し問答が日常的に起こってしまうのだ。

次に⑤にあるように、命令された作業を成し遂げたと思った際には、その旨を上司に報告することが不可欠である。上司は、この部下からの報告によって部下が完全に命令を果たした、つまり職務を遂行したと認めることになる。これを報告の承認という。これではじめて職務が終了することになるのである。

だから、職務が終わってから事後にその報告をすればよいわけではない。報告した内容が上司に承認されない限り、どれほどの努力をしたとしても職務が遂行された証明にはならないのである。

もともと流通業では大手企業でさえも、一方的に報告さえすればよいとされる場合が多く、そのつどの報告とその承認が行われないのが当たり前になっている。これは報告方法についてキマリがないためでもある。そして、事後に偶然から大ミスが発覚し、担当者個人への叱責が行われるだけで始末がつくことが多い。だから悪い組織慣習が手つかずのままに放置され、また同じミス事件が繰り返されてしまう。

また、職務遂行の際に何らかの支障が起こった場合や、あらかじめ立てられた計画通りに進まないことが判明したとたんに、上司に遅れ、または緊急事故報告が必要である。

チェーンストアは、本部と店舗とは地理的に離れているので、計画変更が判明次第に報

102

告が大事なのである。ついで報告では済まないのだ。

①から⑤は原則だが、⑥から⑩は、技術項目だ。そのできばえで命令する人の給与額も変化するのだ。⑥職務の内訳として作業の方法を示すとは、道具と、動作と、手順とを具体的に表現することである。道徳的表現ではダメなのだ。

たとえば、「きちんとやれ」、「手早くテキパキと」、酷いのになると「心を込めて」、「一生懸命に」などと表現されるが、それでは完全実行はできない。内容が人それぞれに違ってしまうからだ。「きれいに」といっても、作業者自身がきれいだと思えばそれでよいことになる。同じく、「手の空いたときに」、「余裕のあるときに」「できる限り」、「心がける」と言えば、はじめからまったくやらなくてもいいということでもある。

客観的に表現するためには、なるべく数字を使うのが原則である。数字だと個人ごとの解釈差が生まれにくいからだ。もっとも、作業内容自体が30秒に1度やる作業だとか、45度頭を下げよ、コップに水を100パーセント入れよ、というのでは実際には実行しにくくなってしまう。重要なのはだれにとっても、いつも同じように方法が統一できるような表現にすることである。

Ⅱ　マニュアルづくり

マニュアルの意味

　正しい言葉で命令を行う前提として、そもそもどういう道具や消耗品を使えばいいのか、どういう手つき、腰つき、目つき（目線の方向）で実行するべきなのか、さらに、それらの動作をどの順番で実行するのかといったキマリが決められていなければならない。

　これらのキマリを言葉や図形を使って、誰にでもわかるように示したものが作業マニュアルである。つまり、チェーンストアでいうマニュアルとは、命令を完全に表現した文章や図面、映像のことである。

　マニュアルはチェーンストアの組織管理に欠かすことのできない武器である。通常は

第3章　組織の動かし方原則

それを基本原則通りにつくり直さなければ、職務が完全に果たされる状態を築くことはできないのである。部下に命令を正しく発令するためには、マニュアルの改革と刷新が不可欠なのだ。

だが、日本ではマニュアルというとそれほど重要な道具だと思われていないことが多い。そればかりか、「マニュアル人間」というと相手をけなす言葉だと思い込んでいる人もいる。そういうときに前提とされている考えは、マニュアルは個人の思想と行動との自由を犯し、強制するものだというものである。そこで、マニュアルによって完全作業を明確にしようとするチェーンストア経営システムに対しても、「マニュアルで従業者を束縛し、自由と創造性とを否定する」と見なして批判する人が現れやすいのだ。

これは大きな誤解であり、組織分業の根本原則を否定する解釈である。

チェーンストアがいうマニュアルがなければ、完全作業が何かを明示することができなくなる。そうすると命令は不正確になり、作業者は義務を果たしたという証明ができなくなってしまう。つまり、職務実行の評価測定は曖昧となる。結果、ガンバリズムと精神主義だけの職場になってしまい、従業者の能力開発がいつまでも進まないのである。

マニュアルがあるからこそ、最適で最善の作業方法がはっきりとわかり、マスターす

ればあとは楽に仕事が進められる。そうやってひとつの作業ごとに完全作業の方法を学んだ結果として、後日新しく創造性を発揮する能力が身につくのだ。

マニュアルの表現方法

しかし、流通業で実際に使われているマニュアルをみると、完全作業のキマリの構成条件として挙げた「道具と動作と手順」とが、正確に伝わるようには表記されていないものばかりなのである。

その原因のひとつは、命令の表現方法が曖昧なためだ。図表3―②は、マニュアルで用いるべき正しい表記について説明している。

原則は、誰にでも誤解の余地なく明瞭にわかることである。そのための手段のひとつが、数字表記なのだということは、すでに述べたとおりだ。

もちろん、マニュアルには必要能力の段階ごとに別の種類のものがあって、一番初歩的なものと、ある程度の経験を積んだ人が使うものとでは内容がまったく違う。しかし、

106

図表3-② マニュアルの表現

原則　①誰にでもわかる（事例、特にまずい事例が必要）
　　　　②他の解釈ができない（図で明示）
　　　　③他にやりようがない決め方（手順明示）
　　　　④動作の始まりと終わりとがわかる

方法　①PERT図（作業フロー図と各所要時間）
　　　　②平面図（及び立面図）で物の置き方、立つ位置など
　　　　③姿勢や手つきの劇画
　　　　④数字を少なくするが、標準・目安・最大・最小・目標の数字は必要
　　　　⑤文書フォームの統一
　　　　⑥とじこみ式で変更可能に
　　　　⑦チェックリストの形も活用
　　　　⑧現場テストを完了してから

禁忌　①規則的表現＝「ねばならない」「してはならない」
　　　　②抽象的表現＝「チェックする」
　　　　　　　　　　「確認する」
　　　　　　　　　　「注意する」
　　　　　　　　　　「配慮する」
　　　　　　　　　　「気を配る」etc.
　　　　③道徳的表現＝「早く」　　　「心をこめて」
　　　　　　　　　　「ちゃんと」　「やさしく」
　　　　　　　　　　「ていねいに」「テキパキと」
　　　　　　　　　　「きれいに」
　　　　　　　　　　「できるだけ」etc.

その違いはそれぞれのマニュアルを使うAさんとBさんの能力の違いとして区別できることが条件だ。このマニュアル何番の作業を割り当てることができると認められた人だというように、誰でもわからなければならないのである。

人によって解釈が変わらないというのも重要な条件である。言葉だけでは区別ができにくいときは、目で見てわかるように図示する方法がある。たとえば、作業で使う道具を指定するときも、用途や能力分類ごとに色を変えてつけておけば、誤って別の道具を使うことが避けられる。それを発展させるとあるべき方向にしか動かない、先行動作をしなければ後続の動作には移れない、というように手順自体を物理的に制限する方法になる。

手順の表現は、PERT図を用いるのがコツだ。チェーンストア組織管理でいうPERT図とは、作業の手順と段取りとその期間とをフロー図に示したものである。何をやった後に何をし、何と何は並行で行われて、これが終わってからでないと次のことができない、という関連はこの方式が一番わかりやすいのである。

他にも、物の置き方、立つ位置を表すときには平面図と立面図とで表すほうがわかりやすい。また、作業姿勢や手つき、腰つきを説明するのに劇画的表現方法を使う。

コツは、単純な線で描かれたイラストにすることだ。写真を使うことは避けたい。日本では、マニュアルにたくさんの写真が使われることが多いが、背景や重要でない部分も写るから、一番伝えたい部分が不明瞭になってしまうのである。だから使い勝手が悪いマニュアルになってしまうのだ。イラストの方が大事な要点だけを強調して表現しやすいのである。

ただし、作業にかかわる「標準」、「目標」、「目安」、「最大値・最小値」については数字が必要である。しかし、その場合にも「ひとつ終えるのに何秒間」というのではなく、「10分間に計何個」と表現するべきである。マニュアルを読む人が現実的に尺度として用いられる表現でなくてはならないのだ。

もちろん、先に指摘したように、抽象的な言葉と道徳的な表現は完全作業の状態が曖昧になるので禁忌である。だが、どこの会社のマニュアルを見ても、「チェックする」、「確認する」、「注意する」、「ていねいに」、「早く」、「きれいに」など、実際にいつ誰が何をどうすればよいのかがわからないような表現が氾濫しているのだ。

フォームの統一

マニュアルづくりで次に大事な条件は、フォームが統一されていることだ。そのための原則を示したのが図表3―③である。

1、文章のマニュアルはバインダー方式で綴られていること。ページ単位で内容の変更を行いやすくするためである。

たとえば、店舗にある作業マニュアルの一部を直す場合、店長に変更した部分を説明して本人にその部分の書き直しや書き足しを命じたり、修正項目と文章印刷物を一方的に送りつけたりする方法では、必ずどこかで欠落が起こる。だから、本部が全店に修正版のページを送付するのと同時に、差し替えた元のページを店舗から現物回収することが不可欠なのだ。そのためには、取り外しが簡単でなければならないのである。

3、同じ会社でも、マニュアルをつくる度に字体や文字の大きさ、ページとファイルの番号の付け方が不統一になるという場合が多い。少なくともここに挙げたそれぞれの項目について、わが社のキマリを決めておかなければならない。

5の四隅の使い方とは、主にページ番号や文書の整理番号、大テーマなど、7に書いてあるような情報のマニュアルのページ上の配置の仕方である。当然、とっさに必要な

図表3-③ あるべきマニュアル・フォームの原則

1. 綴じこみ方式では修正ができない。バインダー方式で片面のみ印刷のこと。

2. 教育段階(難易度)ごとにファイルを別にすること。持ち出しにくい大型に。

3. 表現方法が統一されていること。
    (1) 文字のレタリング　　(5) 見出しのつけ方
    (2) 文字の大きさ　　　　(6) 紙の大きさと穴の位置
    (3) 文体　　　　　　　　(7) 紙質
    (4) 横書き、縦書き　　　(8) 目次とインデックス
    〔大見出しごとに表紙の色を変えること、
    　緊急事態対策の紙の色は異なること〕

4. ページごとに内容が独立して見出しがつくこと。

5. 左とじ、右とじ。左書き右書きによって四方の隅の使い方が異なること。

6. 大、中、小分類の耳タグがついていること。

7. 各ページごとに実施年月日を入れ、本部記録原本には作成責任・実験責任・普及責任の職位と姓名を記入し、さらに次回修正年月日と担当職位名を明示しておくこと。

8. なるべく(1)目的、(2)準備(道具も)、(3)動作、(4)手順、(5)結果、6)悪い事例とよい事例、(7)特別ケース、(8)後始末、というふうにまとめてあること。

9. 上記の内容も番号や符号で区別し、ひとつの文章を短くすること。
   (接続詞でつないでいかないこと)

10. 禁忌や語法は強調線囲みでまとめること。

11. コトバの定義は別にまとめる(但しTPO別に)ことも有効である。

12. チェックリストの場合はそのつど消費できるように多数印刷されていること。
    そのさいに、その用紙にも手順を印刷しておくこと。

情報が見つけられなければ、マニュアルが現場に備えられていたとしても実際には使われにくいのだ。

12、作業動作の間違いを防ぎ、すべての手順が完了したと作業者自身が点検するためにも、チェックリストを使うべきである。作業者はそれを用いながら、すべての項目欄にチェック印をつけて上司への報告書とすればいいわけだ。そのためには、消耗品として表の形で点検項目を印刷しておくことだ。

店舗にあるべきマニュアルの例

しかし、マニュアルが正確に書かれているかどうか以前に、そもそもその作業についてキマリが決められていないという場合が多い。表3─④には、例として示した、店舗にあるべきマニュアルの種類とそこに明確に記されていなければならない規定内容である。

①は店舗によってまるきりやることが違っているし、③も店長に包括委任がされているのが実態である。そもそも、部下ひとりごとの時給額を店長が知らない。特に、給与

112

図表3-④ 店に備えつけるべき規程とマニュアルの種類

①マネジャーの日課作業ガイド
②店の週課と月課と季課と年課ガイド
③作業種類ごとの実行時期と場所と道具ガイド
④稼働(動)計画算定基準書
　（1人ごとの作業遂行水準と人件費）
⑤販売高・販売量・作業単位・作業時間の相関表
⑥緊急事態発生時チャート
　（大掲示板を壁面に貼っておく）とマニュアル
⑦売場と後方レイアウト集
⑧作業割当基準表と同マニュアル
⑨全作業種類ごとのマニュアル(難易度別)
　　　　（イ）納品と検数と検量と検質（品質下限明示）
　　　　　　　と置き場所とレイアウト
　　　　（ロ）商品リストと発注手続き
　　　　（ハ）補充・売場管理関連作業
　　　　（ニ）陳列定型表と陳列方法
　　　　（ホ）加工方法と手順
　　　　（ヘ）商品管理（数量管理・品質管理）
　　　　（ト）保全（クリンリネスとメンテナンス）
　　　　（チ）機械操作ガイド
　　　　（リ）苦情処理ガイドと記入用紙
　　　　（ヌ）電源スイッチと配線表
　　　　（ル）備品リストと事故処理
　　　　（ヲ）常備帳票リストと記入・取り扱い
　　　　（ワ）消耗品規格リストと発注・保管
⑩会社全体の全職位ごとの職務と権限(決定権と専属起案権)
　についての説明表
⑪勤務関係規程のすべて
⑫36協定(超過勤務と休日出勤規程)

額が高い社員の時給がわからないまま、一番時給が低いパートタイマーと同じ作業を割り当てているのだ。しかし、本当は部下全員の時給格差がわからなければ、適切な作業割り当ては実行不可能なはずである。同じく、⑤も作業割り当てに必要だが、売上高と作業種類とその時間数の変化の関係が店長にはわかっていないのである。

⑨作業種類ごとのマニュアルも不十分である。そこで、それぞれについてマニュアルをつくろうとすれば、商品の棚割りも、清掃道具や消耗品も、設備のメンテナンス方法も、全店分の標準化をしなくてはならないのだと気づくわけである。

たとえば、セブン‐イレブンを見ると、他のコンビニエンスストアよりメンテナンスが良くできていると気づくはずだ。これは、本部がフランチャイジーに対して何をするべきか詳細に決めていて、どの道具を使うかについてもキマリがあるからだ。設備の定期点検は本部の担当者が巡回し、修理も本部が手配する。その前提は、本部が什器を所有しフランチャイジーに貸し出して全設備機器の標準化を完全に行っているためにできることなのである。

マニュアル改革の進め方

現場が完全作業を行う際のキマリをマニュアルで示そうとしても、そもそもどのようなキマリを決めるべきかが判らない、これが現実である。したがって、マニュアルを本来あるべき形に変えるためには、実態調査が不可欠である。そこで、専門のプロジェクトチームを組織しなければならない（図表3―⑤）。

中には、手っ取り早く他社のマニュアルをどうにか手に入れて、それをわが社でそっくりそのまま使おうと考える輩がいるがそれではダメなのだ。なぜなら、マニュアルにはその会社が最良だと突き詰めた結論が簡明にしか書かれていないためだ。それを他人が見ても、なぜそうしなければいけないかの理由や根拠がわからないからである。本当にその企業がシステムの一部分として意識して特別にやっていることは、さりげなく書かれているものなのだ。

会社ごとに異なる特別な考え方やしきたり、躾、幹部の能力、設備などの独特の事情で、マニュアルの内容が変わるのである。だから、同じ目的のように見えるマニュアルも、他社にとっては真似してもかえって逆効果だったり、まったく使えなかったりするのだ。

図表3-⑤ マニュアル改革の進め方

(Head=ヘッド)

1. 担当者　(1) 業務システム室長→
　　　　　　　　（ラインスタッフ）
　　　　　　　(2) 改革中核サークルが
　　　　　　　　タスクフォースとなる
　　　　　　　(3) Headまたはそれに
　　　　　　　　準じる人をモデルに

　　①マニュアルづくりプロジェクトの中心となる
　　②現場調査と同実験の指揮者
　　③作業まとめ役
　　（同一人物のこと）

　　　　　　　〔×教育スタッフ、各セクションの張り切り屋、スカウト組〕

2. 要領　①Headの動作や作業を観察して
　　　　　②タスクフォースが一挙に草案をつくってから
　　　　　③実験する（未熟練者に口頭で説明しないで、マニュアルだけでさせてみる）
　　　　　④実験中に上記3項目をくり返して、草案を修正し続ける
　　　　　⑤そのあとで別の2店で再実験
　　　　　⑥それでうまくゆく時のみ制度とし周知教育（まず、集合教育、ついで個別O-J.T.）
　　　　　⑦そのあとで練習期間を明示したあと全面実行へ
　　　　　⑧1～2週間後から、この時だけは臨時に専任された
　　　　　　インスペクターがガイダンスに巡回
　　　　　⑨その結果からマニュアルの再修正
　　　　　⑩上記①～⑨をくり返す
　　　　　⑪以後はスーパーバイザーが定期的に事実監査し、さらに不完全な部分は臨時インスペクターが特命で、指導して回る
　　　　　⑫年1回実験店舗で修正実験を定期的に続ける

3. カン所　(1) 人海戦術（タスクフォースの動員）で調査、草案づくり、実験をすること
　　　　　　(2) 見本について日本リテイリングセンターに批評を頼む

4. マニュアルの普及
　　　　　研修室で誰もが自己育成で読めるようにする
　　　　　ただし持ち出し禁止

第3章　組織の動かし方原則

確かに、表現の仕方やフォームのつくり方は参考になる場合がある。しかし、わが社で分業と作業の実態を現場調査し、実験と修正とを繰り返した挙げ句に簡明に表現したマニュアルでなければ、実用性がないのである。わが社のスペシャリスト多数が専任となって調査と実験と修正とを繰り返さなければ、命令が正確にキマリとして明示されたマニュアルは、完成しないのである。

ふつう、マニュアルの改革担当者はトップ直轄の独立したラインスタッフ職能に属する業務システム室長である。この人物が幹事役としてまとめ役となり、現場の調査と実験とを指揮する。しかし、実際のテーマごとの調査と実験とを行うのは、改革中核サークルのメンバーによるタスクフォースにより、人海戦術で集中的に行わなければならないのだ（この改革中核サークルを用いたプロジェクトチームの運営原則は、第5章で述べる）。

他方、それぞれの作業の内容についてモデルになるべき人は、その作業内容ごとのヘッド・スペシャリストである。

マニュアル改革プロジェクトの要領は同表にある通りだが、しばしば行われないままになるのが⑫の修正作業である。少なくとも年に1回は再実験を行うことで、そのマニュアルが現場の実態と時流とに合っているのか、もっと便利な作業方法が他で行われてい

図表3-⑥ マニュアルづくりの急所　　　　　　　　　　　　　　　　（Head＝ヘッド）

①わが社が一番困っていること、まるっきりいい加減になっていること、機会損失の最大のものから、マニュアルづくりをすること（重点主義）

②課題を発見する（他社比較による制度上の問題の推定）
・セミナーとストアコンパリゾンから

③できない原因や理由を推定し、次に現場で本当の事情について事実確定すること

④作業種類ごとにモデルとなりうるHeadをみつけ、観察によりマニュアル原案をつくること

⑤そのマニュアル案で実際に多人数の実験をしてみる

⑥マニュアルの数は少しずつでも完全徹底主義であること

⑦逆の例、悪い例をたくさん例示する

⑧内容、とくに努力の方向が間違っていないかについて、スタッフ側から監査をする

⑨就業規則で、全従業員に「マニュアル及びチェックリストどおりの実行とフォーム記入」を義務づける

⑩改訂の頻度が多いこと（但し13週未満はダメ）、
　さらに改訂の制度（周期）化（どの職位がいつ修正するかを明記する）

⑪関係セクションのネゴシエイションは、そのつどもれなく行う

⑫レギュラー職位のスーパーバイザーと臨時職位のインスペクターが、マニュアルどおりの実行について直後と定期的な重点指導をすること

るのではないかと、見直しが必要なのである。

図表3─⑥は、これまでのペガサスクラブの指導経験から得た、マニュアルづくりの急所である。

⑥、いい加減な形で拙速に手を広げても意味がない。ひとつでも「これで少なくとも1年間大丈夫だ」というものをつくり、それを1種類ずつ積み上げること。

⑪、関係セクションとの調整は不可欠である。だから、マニュアルの改革プロジニクトの委員には腕利きの部長や室長を多数選ぶ。また、担当のラインスタッフをトップが直接カウンセリングし続けて支援する必要がある。

III 責任と義務

意味の区別

ここで図表3—①（101頁）にもどり、一番下段に書いてある「職務上の責任と義務とが明確になること」という原則について解説する。

責任と義務とを表現上も実務上も正しく区別して使うことは、チェーンストア組織運営上の大原則である。しかし、これこそしばしば無視されていることなのだ。

日本語ではこれらの語句について人それぞれ別の解釈をしていて、日常的に使う言葉なのに意味が通じないのである。それにも関わらず、「責任を取れ」とか、「義務を果たせ」とか、日々職場で頻繁に使われている。

この義務と責任とは、果たし方が異なる別の種類の職務だと定義しなければいけない。

120

義務とは、予め決められたキマリどおりに完全実行する、という職務である。つまり、命令されたとおりの「道具と動作と手順と」で、目指す作業結果を得ようということだ。

それに対し、責任とは、本人が自ら何らかの決定をすることによって、目標を実現することである。

この2つについて、職務上やるべきことを考えることの違いをもう少し詳しく説明しよう。

義務では、作業の方法（道具・動作・手順）について予め決められたキマリどおりに完全に実行することで、予定されている結果を生み出さなくてはならない。

一方、責任の方はこれと異なり、制度化されたキマリがない部分で、新しい決定を自ら下すことによって現状を変更し、目標とする状態を実現したときに達成されるものなのである。

スペシャリストの責任

責任と義務とは果たし方が違うために、いくつかの組織管理上の相違点がある。それらを表にしたのが図表3－⑦である。

図表の（ロ）与えられる階層の欄には、責任と義務とのそれぞれをどの階層の人が担うのかを示している。

一番重要な点は、責任を課されるのはスペシャリスト以上（トップ・マネジメント含む）だということである。チェーンストアでは決してワーカーに責任を求めない。

なぜなら、責任は計画、制度、命令を自ら決定することによって数値を変化させるのが職務内容なのだから、それには卓越した技能と豊富な経験とが必要だ。そうした決定項目を持っている人を、チェーンストア経営システムではスペシャリストと呼ぶのであり、ワーカーとは階層上区別しなければならないのだ。

育成のための企業内選抜制度や長期の教育訓練期間を経て、スペシャリストとして任命されたエキスパートだけがはじめて責任を持ち、果たすことになるのである。当然、年齢では40歳以降の人物であり、若者に責任が与えられることはない。

ところが、流通業ではこれらの原則が無視されやすい。入社して1～3年間しか経た

図表3-⑦ 責任と義務との比較

		責 任	義 務
(イ)	果たし方	計画、制度、命令を自ら決定し、数値を変化させる	（すでに決定されている）計画、制度、命令を完全実行する
(ロ)	与えられる階層	スペシャリスト以上（トップ・マネジメント含む）	全ての階層（ワーカーも）
(ハ)	果たした時	成果に応じた報酬	報酬そのまま
(ニ)	果たせない時	報酬減少 (1) 反省 (2) 継続して果せない時は職務変更	報酬そのまま

ない20歳代の未熟な従業員に対して、「責任を果たせ」と要求することは大間違いなことだ。能力が備わってないのに無理に責任を求めるから、結局はその職務の目的が変わってしまい、企業に対し肉体と精神とを捧げる時間数だけが職務を果たすことの内容になってしまう。しかし、これは責任を与えた側が、責任の意味を勝手に解釈していることに間違いがある。

注意すべきなのは、責任を負うスペシャリストであっても、義務として行わなければいけない作業があるということだ。すべての職務には必ず何らかの義務が生じている。

しかし、逆にワーカーが義務と同時に責任を果たすということはない。もし、あるワーカーに責任を与えたいという事情があれば、その人に自己育成の教育機会を与え、十分な職務経験を経過させた後に資格試験を受けさせ、厳しい選抜を実力で通過させることが手続きとして必要なのである。

報酬の減額

さらに、明確にしなければならない責任と義務との区別が、職務の遂行時と失敗時との待遇差である。

図表中の（二）にあるように、一定期間内に責任が果たせないときはその後に報酬が減る。逆に、（八）責任として与えられた目標が実現できれば、他の人々よりも多い報酬が与えられる。つまり、自分の決定によって経営効率数値を計画通りよい方向に変化させたかそうでないのかによって、受け取るべき報酬が年度ごとに増減するということである。

一方、義務は常時果たされるのが当然であり、その完全作業の成果は誰がいつやっても一定であるべきものである。したがって、義務だけを果たすべき人、つまりワーカー間に報酬額の格差がある場合は、その人が職務を果たしたか果たさなかったかではなく、完全作業をすることができる作業種類（マスターしたマニュアルの難易度）が異なるという理由だけである。

また、完全作業が実行されない場合、ただちにその義務を果たせない人の報酬が減る

ということはない。その代わりに、なぜそれが果たされないのかが調べられる。ここで大事な考え方は、チェーンストア組織論では、義務が果たされない原因は本人のミスよりも、上司のマネジャー・スペシャリストによる命令の与え方と作業教育が不適切ではなかったか、あるいは作業のキマリ自体に欠陥があるのではないかと検討するということである。

マネジャーは義務を果たせない人物がいる場合、自分の職務としてその人の考課をし、教育の追加（現場作業の知識を与え、体の動かし方を具体的に教える）を行うか、別の人をその職務に割り当て直すことになる。チェーンストアの組織では、後で義務を果たしていない人が見つかって、「ワーカー本人が義務をさぼったのが悪い」というような状況把握は認められない。むしろ「マネジャーの方が職務を果たさなかったためだ」と解釈されなければならないのである。

ただし、同じワーカーでもトレーニーの評価はより厳しいものとなる。スペシャリストになるための訓練として調査や実験といった、他のワーカーより自己裁量の広い職務をトレーニーが担うからである。

126

Ⅳ 責任制度

数値責任

チェーンストアの組織運営の特徴は、スペシャリストがさまざまなテーマの改善改革と新しい制度づくりを分業しているというものである。だから、ひとりひとりのスペシャリストが与えられた責任を果たせる状態でなければ成り立たない。

そこで、スペシャリストが困難な障害を抱えて孤立し、職務不履行に陥ることを最小限に防ぐため、特別な組織運営の制度が必要なのである。

第1に、責任には目標となる経営効率数値が与えられる。これを数値責任と呼ぶのである。そして、それはひとり（ひとつの職位）について1種類だけの効率数値でなければならない。

職場では、ひとりの幹部に対して売上高を増やせ、棚おろし在庫高を減らせ、人件費を節約せよ、荒利益率を一定に保てと、いろいろな効率数値の達成が要望されている。

しかし、要望を聞く側も出した側も、そうした複数の数値すべてを実現できるとは夢にも見ていなくて、単なる希望でしかないのだということをお互いに理解している。だから、言及された数値は単に努力の目安でしかないのが通常である。

チェーンストアの分業は、職位ごとに関係する効率数値ひとつだけを変化させることを要求する。いくつも同時にやれというようだと、不完全作業だけが増えてしまうのだ。

第2の原則は先に述べたように、責任を与えるのはそれを果たす能力が期待できる人物だけだということである。

決定者責任

第3に、責任を持つ範囲、つまりその人が何に決定権を持つのかについて、本人も上司も第三者も、誰もがはっきりと判っていることだ。はじめからその人が何について決

定を行うべきで、何については別の人が決定権を持っているということを、厳密に、正しく決めておくことが責任制度の前提である。

このひとりごとの決定権の区別をまとめたものを「権限明細表」と呼び、組織管理の重要な道具としていつも準備しておかなければならない。そうでなければ、組織では決定権の所在が次第に曖昧になってしまうものなのである。

あなたの会社では、店づくり、ベンダーとの取引方法、販売方法、会議や儀式の手法など、何故こんな悪しき慣習がいつまでも手つかずに残っているのか、と疑う事例が少なくないはずだ。その原因の多くは、かつて発言力のあった人が思い付きでとっさに決定をしただけで、その決定結果について誰の責任範囲か不明確なまま放置されていたというものだろう。その場合、廃止や変更の決定権を持たない大部分の人々を、いつまでも苦しめることになるのである。

そこで、図表3―⑧に責任範囲を決めるための条件を示した。

まず、責任を持つ人が決定できる項目は何かを、予めはっきりと確定することが不可欠だ。上司は「これはお前の責任だ」と部下を叱責しがちだが、実際には本人に関与する決定権がないということが多いのである。

以前、ペガサスセミナーの参加者に、自らに課された責任の内容についてアンケート

図表3-⑧ 責任所在の原則

①「責任」(と「義務」)は、命令で発生する。

②いいかえれば、
　(イ)「責任」(と「義務」)は、職務(命令の内容)の範囲内で発生する。
　(ロ)さらに、「責任」は職務上自ら決定した部分についても負う。

③従って、「責任」(と「義務」)は、上司に対して個人が負うもので、会社に対して、あるいは共同で連帯して負うものではない。

④職務が果たせないときは、必ず不利益な取り扱いを受ける。
　　　　　　　　　　〔責任(と義務)は不利益の意味が違う〕

⑤トップ・マネジメント(取締役・理事)は機会損失の責任を負う。

⑥命令や規程の結果が悪いときは、決定者が責任を負う。───┐

⑦代行者及び委譲権限行為は、与えたものが責任を負う。───┤〔起案者、実行者が責任を負うのではない〕

⑧稟議(りんぎ)と提案は、承認者と許可者が責任を負う。───┤

⑨会議事項は、参加者中の上位者が責任を負う。───────┘

⑩トップ決定によるものは起案者が責任を負う。

第3章 組織の動かし方原則

を取ったところひどい実態だった。店長や部門長といったオペレーションラインのマネジャーの場合、答えの大部分が売上高であった。しかも、1年も前に本部の誰かが決めたという予算比が云々されているのだ。その人たちは自店の売上高を変化させるため、一体どのような重要決定ができる立場にいるというのか、しかもなぜ昔の予想額なのか。

ひどいのになると、「客の満足度向上」とか「パートタイマーとの良好な人間関係づくり」という曖昧なものもあったのだ。人々の心理状態を良くするために、店長が職務上決定できる具体策はごく僅かなのに。たとえ何かを実行したとしても、達成と未達成とをのように区別して評価するのかも不明確だ。

責任が問われるのは、そのスペシャリスト自身の決定権が影響を及ぼすことができる範囲についてだけである。この決定権は、作業の方法（道具や動作や手順）あるいは部下の稼働計画を変えられることと、そのための調査ができ教育が受けられることも要件となる。さらに、部下の数や予算や設備や道具、その職務にかける時間についても、自由に決められないのだ。これらにおいて自身の判断で決められる範囲がはっきりしていることが、責任を持つことの前提条件なのである。

ただし、この例外として企業には本人が決定をしない事柄についてまでも責任が問われる人がごく一部いる。⑤のトップ・マネジメントの数人である。この人々は株主（生

131

協の場合は組合員）に対して責任を負うのである。一方スペシャリストは外部に対して責任を負うことはない。

トップ・マネジメント、いいかえれば取締役（理事）は会社全体が将来良い軌道を進んでいくために、担当テーマごとの経営課題について、競争相手の他社よりもいちはやく変更対策を立てなければならない。さらに今後3〜10年後にビジネス体として相手よりも優位に立てるように重点課題の準備をすることが本来の職務なのだ。

⑥から⑨までに挙げているのは、責任所在の応用解釈だ。原則は、判断し決定した当人だけが責任を負うということで、実際に提案した人、実行した人ではないのである。

これこそが肝心なのだ。

あなたの企業でいつも叱られているのは、起案者や実行者ではないか。それはとんでもない責任転嫁なのである。たとえば、店舗のレイアウト、商品構成（品質と売価と陳列量）はいったい誰が決めたのか。決して店長や部門長ではないのに、結果が悪いと叱られるのは現場の実行者や、外部の設計者や物流センターの人なのである。

会議と責任の所存

このように考えると、日本の多くの職場で行われている会議のあり方が問題だ。どのような事項であれ、課題ごとに何が最善かを判断して決定する人物は、ひとりでなければならない。その人だけがその結果に責任を負うためである。その結果についての是非だけで、その人物だけが賞賛されたり、逆に非難攻撃されたりすべきなのである。

それなのに、実際の職場の会議では全員が満場一致で物事を決定しようとする。その場合、誰が決定権を持つのかが不明確になるだけ、誰も責任を持っていないということになる。なぜなら、参加者全員が何となく「道徳的」責任を持った感じになるだけだからだ。そうなると、後に責任追及がまったくできないのである。本来、会議は活発な情報交換の場として活用すべきで、他の人々の意見を聞くだけの場である。決定は権限を持つひとりによって行われ、その人だけが結果の責任を問われるべきなのだ。

ところで、⑩に示したようにトップの責任だけは他の人と原則が異なる。トップが正しい判断ができるかどうかは、側近（スタッフや取締役たち）がどのような経営情報を提供しているかによる。だから、トップが判断を間違った場合、責任は周

りにいる幹部たちの職務怠慢だと考えるのである。この前提は、側近はトップにいい加減な判断をさせないためにこそいるのだということでもある。

計画の立て方

責任制度では、職務の与え方の原則とともに、スペシャリストが職務を果たすときの手続き方法に関するキマリとその実行とが大事だ。

スペシャリストの職務決定の第1段階は、プロジェクトという形でトップから提案されることである。このプロジェクトの内容は、①目標となる経営効率の種類とその変化幅、②部下（姓名、または能力別人数）、③経費予算、④絶対やるべきこと、⑤絶対してはならぬこと、⑥期限、⑦組織上協力してくれる職位、の全項目である。これらについてスタッフが原案を作り、その上でトップが文書でスペシャリスト候補者に明示する。

それをもとに、候補者は目標を達成するための進行計画案を自らつくるのである。

その進行計画（プラン）のつくり方をまとめたのが、図表3―⑨だ。

まず、図表にあるようにプロジェクトから、プロセデュアと、プログラムと、スケジューリングという順序で計画をつくることになる。

ここでいうプロセデュアとは、大まかな段取りのことだ。これは通常13週単位で、年に4回内容を変える。それぞれの13週間の中では、準備・本体1期・同2期・まとめと、ふつう4区分するのである。

チェーンストア経営ではこのように1年間を4回のプロセデュアとし、さらに週単位に分けて考えるのである。その方が、前年同期比や進行状況の比較検討がしやすいからだ。

プログラム（単元）とは、1週ごとに取り組むべきアクション（行動）のことだ。

ひとつのプロジェクトを行うには、ふつう50〜200のプログラム単位（概念・課題項目）が必要とされている。そのプログラム項目を2〜13週分実行すると、ひとつのプロセデュアとしてまとまった成果が生まれ、経営効率数値の変化がフォローできるのである。そのとき、プログラム項目を週単位の異なる進行順序に並べたのがスケジューリング（週単位行動計画作成）なのだ。

この手続き方法を私自身が教わったのは、大学卒業直後、読売新聞社に勤め始めてすぐのことだ。同社では、新聞記者の教育段取りとして、入社3カ月後にはこの手順で翌13週分の週単位のスケジューリングを訓練された。2年目になると52週分、3年目には

図表3-⑨ プランの内容

(1) **Project** = ①目標(結果の数値)と、②制約(ワク決め)と、
　　プロジェクト　　③メンバー、④予算ワクと、
　　　　　　　　　　⑤期限の5条件を明示すること

(2) **Procedure** = 全体の期間を大まかに3〜4つに分割した
　　プロセデュア　　進行計画(ふつうワンクール13週)

(3) **Program** = 果たすべき課題(Task)を表現した単元
　　プログラム　　(50〜200種必要)

(4) **Scheduling** = 週単位にProgram単元を並べた進行計画
　　スケジューリング　(週ごとに単元表現が異なること)

　条件 = ①毎週遅れの報告があること
　　　　　　　(なければ指導ができない)
　　　　　　②それに基づいて適切な指導(助言・勧告・教育)
　　　　　　　と命令修正とが行われること

2年間100週分の文書提出が求められたのだ。

新聞記者を辞めて流通業に首を突っ込んではじめて、この世界にはプロジェクトやスケジューリングという観念がないことに愕然とした。しかし、アメリカのチェーンストア経営を調べたら、やはりスペシャリストの行動計画は13週間区分であり、週単位のスケジュールも上司に書類で提出されることになっていたのだ。

週単位のアクションをそれぞれ異なる名詞で区別して表現できるようになるために、とにかく問題解決のために使う語彙を豊富に知っていることが必要である。これは、Off.JT（体系的理論教育）で充足されるべきテーマである。

このスケジュール提出という手続きを実行することで、本人も上司も、いや会社全体としても、職務上の進行の遅れがすぐさま把握できる状態になる。だから、週単位のスケジュールの提出と週ごとの本人からの遅れの報告とは、並行して必ず実行されなければいけないものだ。

日本の流通業では、いまもこの2つが制度化されていない。その結果、あとで偶然に職務が計画した通りに果たされていないことを上司が気づき、本人に怒鳴ることになる。それでは手遅れなのだ。

本来は、責任を果たすべき本人が予め週単位のスケジュールをつくり、それをもとに

週ごとの進行状況を報告していなければいけない。それに応じて、上司は週単位、特に13週ごとに命令の変更や、助言・勧告を含む指導や、他部署の職位への協力要請などの援助が実行できるのである。

このように、部下のスペシャリストに対して上司が一対一で計画文書をもとに行う指導方法を、チェーンストア独特の「カウンセリング」という。これらは、スペシャリストが職務を果たすための制度対策として不可欠なのだ。

しかし、日本では週単位のスケジューリングをしろというと、多くの人が抵抗する。「はじめてやることだから、どのくらい日数がかかるかわからない」というのである。だが、週単位の進行プランが文書でつくられない限り、面倒な職務ほど絶対に前には進まない。予定より早く、あるいは遅くなりそうな場合は、進行計画にそのつど修正を加えればいいのである。まず、計画を立てる習慣づくりが先決である。

討論会と請負契約

スペシャリストは、1週間ないし2週間かけてつくったスケジュールをトップに提出したあと、それを材料に直属上司とスタッフとを交えた討論を行う。この検討はふつう何回も繰り返されるものである。何度やり直しをしてもトップやスタッフ側が実行案に同意できない場合、会社がその人に出したプロジェクトの内容を入れ替える。それでもだめなら、他の人にその種類の数値責任を割り当てることになる。

討論で本人が作成した週単位のアクションプラン、つまりスケジュールが承認されたときは、本人と会社との間で責任の内容について合意したということであり、両者による請負契約が締結される。

この契約が辞令の詳細な中身となる。その内容は、①会社の規定を遵守する、②経費予算（マネジャーの場合、部下の数と経験）、③報告書の提出方法、④不利な条件発生時の緊急報告義務、⑤期限、⑥本人の年間労働日数（有給休暇日数）⑦年間報酬額である。特に注目してほしいのは、⑥と⑦という項目だ。本人の能力と与えられる責任の難しさによって報酬額が変わること、ただし、それを遂行するための時間のかけ方は自分で

計画できることが、スペシャリストの職務請負契約の条件なのだ。これらはプロ野球の選手が球団と交わす契約と同じ項目である。この同意で、はじめて数値責任契約が正式に成立するのである。

コミットメント主義

このように、責任を負う本人が週ごとのアクション計画を起案し、週単位で挑戦していく状態が数値責任制なのである。

これはチェーンストアに限らず、どのような組織体でも必要な行動原則である。最近の経営書や雑誌では、このような制度のあり方を「コミットメント主義」と呼んでいる。

それをチェーンストア流に要約したのが、図表3─⑩である。

しかし、これはなにも新しい発明ではないのだ。チェーンストアシステムでも、他の組織のコミットメント主義でも、重要なのは週ごとの行動計画を文書で予め作成し、上司とのカ

140

表3-⑩ コミットメント主義

―――40歳代幹部全員に摘要すべき制度―――

（1）13週（または月）ごとに

（2）努力の到達目標を、効率数値で設定
　　　　　◇目標のゴール
　　　　　①社内の店間または部門別間の平均値を超える
　　　　　②業界（フォーマット）平均値を超える
　　　　　③同A級の実数を超える

（3）改革または改善のための手順として、
　　　　　①これまでとは異なる具体的な方法を、
　　　　　②週課としてスケジューリングし

（4）文書に作成して上司に提出

（5）上司と実行を約束し

（6）実行は　①週（または月）単位で
　　　　　　②上司に進行状況を報告し、
　　　　　　③そのカウンセリングを受ける

　　　◇**上記に欠かせない武器**
　　　　　①活用しやすい数表
　　　　　②作業方法（道具・動作・手順）マニュアル
　　　　　③調査費予算
　　　　　④学習手段（勉強法）

（7）事実（現況）報告は、「観察・分析・判断・実験」という4分類した文書フォームで行うこと

ウンセリングを繰り返すことで週単位で努力の内容を改善していくこと、さらに13週または1カ年後に予め約束した目標数値を実現することを目的とするものなのである。

Ⅴ 観察・分析・判断

手順

ところで、スペシャリストが自身の責任を果たすためには、現状の問題点とその対策とを正確に理解することが不可欠要件となる。その手順を表す言葉が、観察・分析・実験という一連の思考手順なのである。

第1に、「観察」とは、見学をして印象を述べることとは違う。それは、あなた自身にとっての問題点を発見することなのだ。

たとえば、ある店を視察して「混んでいた」、「繁盛していた」というのでは、問題点を発見したことにならない。お客の店舗滞在時間は常に一定であるという経験法則に基づくと、混雑という事態は客が待たされているか、探し回っているかである。つまり不

便だということだ。それは、つぶさに見たとしても、あなたにとって何の役にも立たない現象なのだ。

アメリカのチェーンストアの店舗に視察チームで行くと、Aさんは「客数が少なくて不振店だ」と考える。しかしBさんは、「この店はわが社の店より客数が少なく、売場販売効率が何万円分も低い。それなのに、営業利益率が何％ある。だから多店化が可能なのだ」といって驚いたあと、わが社の問題点が何かを見つけることができる。Aさんはせっかくの視察をしても何も学べないが、Bさんは次の分析に移ることができる。これは、「観察」技術の違いなのである。

ここで重要なのは、マネジメントの原則通り、観察した内容を数字で記録することだ。そのためには、見たものを数えることを習慣化しなくてはいけない。先の「混む」というのも、入店客数やレジ通過客数を数えるのと、沢山人がいたという印象を抱くだけなのとでは、大きく違う。

ただし、観察は数字の抽出だけでも無意味である。なぜそれが問題なのか、なぜ、いかに良い、あるいは悪いのか。そこまでを記述してはじめて観察となるのだ。

第2段階は「分析」である。これは、観察によって得た項目ひとつずつについて、①その原因を推定する、②その推定が事実かどうかを現場で実物で確定する、という2つ

の手順を含む。

日本の流通業で働く人々の一般的傾向として、この分析という思考方法、つまり第1に因果関係を推定し、第2にそれを確定するという能力が低い。ひとつの数表を使って分析をしろというと、こちらの値とあちらのではどちらがどれだけ大きい小さいとか、何倍だ、何パーセントだとか、引き算か割り算の答えだけが返ってくる。

これは、原因と結果とを現場で、現物で、当事者と会って事実確定をするという習慣がないからである。なぜ、なぜ、なぜ、とつきつめることがないのだ。しかしそれでは、改善と改革策には決して近づけないのである。

実際には、分析の第1段階で推定原因が5カ条あれば、事実確定は3カ条に減るはずだ。したがって、推定段階では5カ条以上書き出すことが、まず必要なのである。

第3に、分析に続く「判断」とは、対策案をつくることである。

この対策は、①応急処置と、②制度づくり、とに区別して考えなければならない。しかし、両方が揃わなければ本当の対策にはならないのだ。それにもかかわらず、多くの場合、応急処置だけが思案されて抜本的な改革はなおざりになる。それによって問題の原因となった制度は不変で、ミスが繰り返されるということになるのである。

最後に、この応急処置と制度づくりとは、それぞれ早急の改善案と制度上の改革案と

の形で提案され、そのあと実際に誰が、いつ、どこでどのような実験を行うべきか、具体的な実行計画を作らなければ意味がない。日本では、判断という作文で終わってしまい実行まで結びつかないことが多い。これは、実験方法を知らないからである。

報告書の義務

この観察・分析・判断と実験という思考方法を行う際の実行項目をまとめたのが図表3―⑪である。

私はこれまで、さまざまな企業のコンサルティングを行ってきたが、その指導方法をひとことで表せば、この観察・分析・判断と実験とを、正しく繰り返し考えさせるというものだ。

私のところへ相談に来る各社の幹部がいつも苦労するのは、「なぜそれがまずいことなのか」、「なぜ原因といえるのか」、「なぜそれで対策になるのか」、「なぜその実験が適切なのか」と、科学的に論理を追及することである。それができなければ自ら決定を下し、

図表3-⑪ 観察・分析・判断レポートづくり

1. 「観察」と「分析」と「判断」の内容を論理としてつなげるために思考手順の①観察、②分析、③判断、④実験、⑤監査の5段階に区別
 →書式フォームを作れ（→図表3-⑫）
 〔因果関係が論理としてつながらないことが多い〕

2. 「なぜそう思うのか」「なぜそうしたのか」の理由を書く

※3. 数字的根拠と具体的な行動の表現が不可欠、抽象的立て前印象話はダメ
 なぜそれがいいことなのか、あるいは悪いことなのかの理由が必要

※4. 観察対象は少数に絞りこむこと
 観察1種類につき、「推定分析」は5～8種、それを「事実確定」すれば項目数が減り、「判断」は、1～3種となるはず

※5. ほとんどの人の「分析」は「観察」の1部分で「判断」は「分析」欄の中身だ

6. 「分析」は推測で終わりがち、事実の確定にまで到達していないと説得力がない

7. 「判断」は（イ）誰が、（ロ）いつまでに、（ハ）どうするのかの3項目を、実行できる具体的な行動表現とすること（決意の表明では、制度までまとめあげることはできない）

8. 「判断」が甘い（具体的な行動表現にならないのは、「観察」と「分析」とをつきつめていないため）

9. わが社がどうあるべきかを明確にすべき（短絡的に思いつきの判断が多く、チェーンとしてまったく反対の、あってはならない対策になりやすい、原因は売上高主義で、収益・コスト無視の企業化による）

10. 「判断」のゴールは数字が変化すること（それにはコミットメント＝①期限と、②数値目標（目安）と、③具体的方法とを明記する）

責任を果たすという責任制度は機能しないのである。

コンサルティングの中では、その思考手順を報告書として提出するように要求する。しかしうまく書けないといって四苦八苦する人が多い。これは、内容がむずかしいのではなく、その因果関係を追及する方法に慣れていないからである。

たとえば、我々が主催するセミナーで稀に遅刻者が現れる。しかも、普段から時間がルーズになっているのであろう上位階層の人ほど多い。そこで、我々はその人に遅刻理由書というのを書かせる。この文書フォームは、遅刻原因を観察・分析・判断の手順で記入するようなものになっている。

すると、これがまったく書けないという人が多い。自分が遅刻した論理的な原因を明らかにできないからだ。しばらく考えて、電車に乗り遅れたとまでいうが、実際に自分が何時何分の電車に乗ったのかを思い出せない。だから、数字で表現することができない。すると、原因を追及しないまま、「もっと早く家を出ます、絶対に遅刻しません、誓います」という道徳的反省になってしまうのである。

「それではだめだ、対策にならない」と反駁すると、最後は「こんなに謝っているのに、誠意が通じないのか」と問題をすり替えて怒鳴りだすのである。

別の人は、「遅刻は電車に何分間遅れたからであり、その原因は寝坊である、さらに寝

坊は前日遅くまで予習をしていたからだ」と考え、その対策として具体的に前夜から時刻計画を分単位で立て、目覚まし時計もかけるという行動上の対策をたてる。そのように考えることができないで、ただ「しつこいな」と怒り出す人は、普段から詫びと決意の表明とだけで事をすべて済ませていて、因果関係を考える習慣ができていないのである。

「観察」・「分析」・「判断」と「実験」という４つの思考手順はむずかしいものではない。その習慣が無く、訓練もされていないから難しく感じるだけである。

それはチェーンストアの責任制度に必須の内容である。本来、30歳代になったらトレーニーとして、定期的に観察・分析・判断のレポート提出が共通の職務として義務づけられなければならない。その訓練を受けていない人に対して、突然書けといっても無理なのである。そこで、従来のように印象や道徳で解決したつもりになる悪しき慣習を変えるための手段が、報告書のフォームをつくることだ。その例が図表３―⑫である。このようなフォームを使って、すべての欄に完全記入すれば、徐々に正しい思考手順が実行されるようになる。それが正確に記入できるまで、何度もやり直しさせるというしきたりがほしい。だが問題は、因果関係を追及するのに長けたベテランがひとりでもいないと、提出された報告書の指導ができないことだ。これを解決しなければ、スペシャリストが責任を果たすことができる制度は、実現しないのである。

図表3-⑫ 観察・分析・判断レポートの書式

テーマ	

管理コード
作成年月日
修正年月日
付属資料　☐ あり

観察 (問題点)	分析 (その原因・事情)	判断 (応急処置、制度対策、調査・実験案)	役割・期限

VI 責任の評価方法

評価の基準

最後に、スペシャリストが責任を果たしたかどうかを評価するための原則を説明しよう。

まず、前提条件はいま指摘したように、本人と会社が数値目標とその期限、実行手順、報酬とについて職務請負という形で契約を交わしていることである。「お前の責任はこれだから、とにかくやれ」と本人の同意と合理的手段とを欠いたまま、辞令が出るのではない。

本人と会社との計画段階での合意に基づけば、数値目標はふつう9割以上のスペシャリストが達成できるものになる。しかし、ここでむずかしいのが、この責任を果たす9割の人々の評価について、どのように公正な基準で格差をつけるかである。

図表3-⑬ 責任遂行時の評価

①Best	制度になったとき
②Better	数字が計画通り変化し続けたとき
③Good	数字が計画通り変化したとき

図表3-⑬に、その評価基準のキマリを要約した。

①は、最大の評価が与えられる場合である。チェーンストア経営システムづくりでの着眼点は、その成果がわが社の組織全体の制度化につながるものであったとき、最大の評価を得られるようにすることである。新しい対策案をつくるためには、実験を繰り返して、いつでも誰でもどこでもそれが適用できるような決まりをつくらねばならない。この手順づくりには熟練が要求される。しかし、その効果は大きいから、その成果を生み出したときは最も高く評価されなければならない。

②、制度化の次に高く評価すべき場合は、あるべき状態を良好なままさらに向上させたときである。

そして③、それに次ぐのが、その人が新しく行った決定の結果、経営効率数値が良い方向に変化したときである。

このように、責任を果たす人は、目標数値を実現してはじめて評価されるのである。これによって、達成できたかできなかったかが明確になるわけだ。「明るくなりました」、「賑やかになりました」

152

報酬の形

ところで、スペシャリストの成果報酬というと賞与、ついで月給額の話になりやすい。

たしかに、貢献した人が適切な収入額を得られることは基本条件だ。だが、チェーンストア組織がもっと重要だと考える報酬の形は、教育のチャンスでなくてはならない。

私が新聞記者時代に、勤務していた読売新聞社から高い評価をされたとき一番困ったことが、賞与額ついで月給額を増やされることだった。そうすると同期の人々をはじめ、先輩たちの見る目が違ってしまう。結局、たかられるか妬まれるかにしかならなかった。

それに対し一番ありがたかったのは、プランすればいくらでも自由にどこにでも調査出張ができ、いくらでも使える調査旅費と調査休暇を与えてくれたことだった。そのお

では評価にならない。もちろん、数値といっても売上高ではない。売上高が増えようと減ろうと、原因は少なくとも5〜10種はあって複雑に絡んでいるから、その人の決定と売上高増減の因果関係をはっきりさせて確かめられないのである。

かげで、本来の任務であった「商店経営のページ」をつくりながらも、海外にも年間2〜3回出かけて、欧米の最新事例を知ることができたのである。

本人が自分の努力が報われたと実感でき、また、会社からの期待に応えてさらに頑張ろうと思える条件は、自己育成の機会が拡大できることである。しかも、そうしたチャンスを得ている人は、まわりの人から貴重な情報源として頼られたり、上司からも一目置かれたりして、自然とまわりから敬服されるようになるものだ。

だから、チェーンストア組織では貢献を果たした人に対して、まず自己育成のチャンス、調査と研究の自由が拡大していくという特別待遇を与えるべきである。外部セミナーもどんどん受講できるように取り計らうべきなのだ。

個人別教育予算は、対等配分では実らない。この分野こそ、教育予算の重点的投入で徹底的な差別待遇を行うべきである。スペシャリストの人々がむずかしい課題にも果敢に取り組む状態は、その結果として実現するものなのだ。

第4章 チェーンストアのスペシャリストの任務と職務

I 2つのライン職能比較

現状の反省

この章では、これまでの組織管理の原則を踏まえ、職能ごとの任務の違いとそれぞれの属す職位の具体的な内容とについて説明する。

まず、チェーンストアの営業に直接関係する集団として、2つのライン職能がある。

まだ日本で流通業というと中小企業が当たり前だった頃は、店にいる人が商品の仕入れもしていたものだ。営業担当としての職能はひとつだったという意味である。しかし、次第に店数が増えていくと、店にいる人が仕入れをすることができなくなり、商品部と店舗運営部という2つの営業部隊に区別されていくこととなる。

だが、実際にこの2つの職能集団が毎日やっていることをみると、チェーンストアの

分業の原則が無茶苦茶になっている場合がほとんどなのである。

本来、商品部の専門家のバイヤーが職務上の義務としてやるべき商品構成、つまり品目・売価・陳列量の決定を個々の店長の判断に委ねていたり、その結果、店長がやらなければならない現場作業の完全化という面倒な仕事がなおざりにされていたりするのだ。そこでは、クリエイティブライン（商品部）とオペレーションライン（現場）との役割関係が、当人たちには不明確である。

事例──欠品問題

その現状を、どこの企業でも起きている欠品問題への対処の仕方を例に考えてみよう。

流通業ではインターネット販売や外売セールスと違って、お客自身が大切な時間と労力とを費やして、わざわざ店にやって来て買う物を決めその代金を支払う。それならば、流通業にとって一番必要な機能は、お客が期待したものを手に入れられる状態を維持し続けることだ。

それができないのであれば商業者として社会に対する怠慢である。そもそもチェーンストアらしい組織づくりを目指す意味がないということだ。

そう考えると、欠品が起こることがわかった途端、直ちに店長は緊急事故報告を行い、バイヤーは是正対策のための応急行動を実行しなければいけないはずである。しかもそれ以前に、いつも欠品率を気にかけていなければいけないわけである。しかし、実際にはほとんどの流通業企業では、この欠品状況について誰もその実態を調べていない。たまたま欠品事例を発見したとしても、店段階の管理職から本部バイヤーへの緊急事故報告はなく、放置されたままなのだ。

チェーンストア経営システムでは本来、オペレーションライン（店舗運営部）のマネジメント担当職位は、あるべき品ぞろえを店段階で維持することが第1任務なのだから、欠品することがわかった途端に、本部、商品部、クリエイティブラインのバイヤーへ緊急事故報告を即座に行うという義務を負っているのである。それをサボれば、翌月にはその店長はクビになるはずだ。それにもかかわらず、日本ではそのことが店長の果たすべき職務だとはまったく考えられていないのである。

そもそも、欠品という言葉の意味自体が日本の流通業では曖昧なままだ。たとえば店長は、欠品とは客がたまたま特定品目の陳列がどこにあるのかと質問してきたとき、あ

第4章 チェーンストアのスペシャリストの任務と職務

るいは従業員が陳列補充をしようと思ったとき、店舗後方を探したけれど在庫が見つからなかった状況のことだと思っている。しかし、本来欠品とは品目や数量だけが問題なのではない。品質も完全であるべきである。陳列数量がいくらあろうと、その商品が売ってはいけない状態（あらかじめ決められた品質下限を割ったとき）のものであれば、それは欠品なのだ。

そうだとすれば、店には品目、正確には単品（SKU）ごとに不適格品か否かの判断基準が必要で、店長はその逸脱品の摘発を常時、部下の作業者に行わせていなければならないのである。

たとえば、スーパーマーケットで米を扱う場合、とう精（精米）してから企業ごとに2週間とか4週間とか予め決めた期間を過ぎた商品は売ってはいけないというように、品質下限が決まっているべきだ。それなのに実際売場で調べてみると、とう精後6週目、8週目という商品が陳列されたままなことがしばしばある。

あるいは、冷蔵ケースを見ると何度を維持せよと指示書が温度計に貼りつけられているのに、そこに提示された時間帯ごとの温度記録には、その温度から3〜5度も外れた数値が書き込まれている。つまり、品質下限が決められていたとしてもそれが完全作業の条件とはなっていないのだ。オペレーションラインのマネジャーが部下に実行させる

159

べき義務の内容だと考えられていないためである。

一方、クリエイティブライン側も、欠品について無関心でいることが当たり前とされている。欧米のチェーンストア企業では、自分が担当する売場の商品構成グラフの形を少しでも維持できなければ、つまり品種ごとに予め決められたあるべき商品構成グラフの形が少しでも崩れれば欠品発生とされ、それを直ちに是正できないバイヤーは翌月はクビとなるのが常識なのだ。欠品回避はバイヤーにとってもマーチャンダイザーにとっても一番重要な基本職務であり、それによる企業としての機会損失は厳しく糾弾されるのだ。

それが日本だと、欠品について上司が一度も文句をいうことなく、関係者は誰もその対策が自分の職位の役割だとは考えていないのが実情なのである。

私が新聞記者として流通業に関わり始めたころ、日本一の食品小売繁盛店としてはじめて取材した店が、福島県郡山市にあった紅丸商事（現在のヨークベニマル）である。当時の店は何しろ売場面積が30坪、品ぞろえはわずか19品目だけだった。しかしその商品はすべて飛ぶように売れる、とてつもなく強力な売れ筋ばかりだったのである。

当時、創業者の故大髙善雄氏が経営のバロメーターとしていたのは、決して売上高ではなく、毎日の品目ごとの販売個数であった。しかし、もともと売れ筋だけしか扱っていないから、あっという間に品切れが起きてしまう。だから、その店では陳列ケースを

空にしないこと、つまり売り切れないように在庫をどっさり持って「売り続ける」ことをモットーとしていたのである。

これに対し、現在の流通業のバイヤーの考え方ははじめから違う。最初からあまり売れないものを揃えていて、さらに毎年、扱い品目数を1、2割ずつベンダーの勧めるままに増やし続けているのだ。しかし、全体としては在庫量を減らそうという努力を懸命に行っている。

一方、上司は部下が「売り切る」と褒めるから、バイヤーはいつも1品目あたりの在庫量を少なくして「売り逃げ」を企むことになる。だから欠品が起こるのは当然で、むしろそれが職務上の努力方向にさえなっているのである。まったくお客不在の考え方なのである。

こうして、欠品に対する姿勢だけを見ても、2つのラインがお互いにどのような機能を果たさなければいけないのか反省させられるし、職能や職位についてのキマリがいい加減なのだとわかるのである。

昔からあったクリエイティブラインの機能

そこで、組織分業上のクリエイティブラインとオペレーションラインとの2つの役割と関係について、図表4—①に対比してまとめてみた。

第1に、このクリエイティブラインという職能ははるか昔、商業活動が始まって以来のものだと判ってほしい。

商業というのは、まず何かものを売るわけだ。そのために商人は、客が必要だと思うものを各地から探してこなければならない。近ごろ流行の「地産地消」ではダメなのだ。これが仕入れという職務の趣旨である。

しかし、どこかで適切な原材料が入手できたとしても、それを生活用品として販売するためには、使う人が便利なように製品加工をすることが不可欠である。そのために商人にとって、仕入れは商品開発、つまりマーチャンダイジングなのである。

こうした仕入れと商品開発とが連動した商業活動は、日本では欧米のチェーンストアよりも長い歴史がある。

いまから300年以上も前に、堺や近江や大阪や京都、伊勢に商家が生まれ、江戸幕府の成立以降は江戸日本橋を中心に発展した。この商家にとって一番大事だった技術は、

第4章 チェーンストアのスペシャリストの任務と職務

図表4-① チェーンストア組織論における2つの職能の比較

<クリエイティブライン> (昔からあった職種)	<オペレーションライン> (最も新しい職種)
①〔職位名〕 マーチャンダイザー、 バイヤー（×仕入れ係） ②タレント・スペシャリスト（部下なし） ③かせぎ屋 〔期間数値責任〕 マーチャンダイザー　貢献差益高、または （小売業）　　　　　品目別販売量 ステープル・バイヤー　坪あたり荒利益高 シーゾナル・バイヤー　品目別販売量 （フードサービス業）　1メニューあたり荒利益高 ④〔共通努力課題〕 総人時数の削減 ⑤〔制限枠〕 在庫高の上限と下限枠内で ⑥〔性格〕 品ぞろえと商品供給との専門家 ⑦〔本質〕 商品構成の決定 品質と売価との決定 ⑧〔任務〕 開拓・創造屋 ⑨〔技術〕 商品開発 ・マーチャンダイザーは製品開発、 ・バイヤーは集荷 （小売業では提供方法の開発も） ⑩〔分担範囲〕 1人あたりの担当分担は小区分 （小売業なら売場10坪未満、 FS業なら材料1品種）	①〔職位名〕 ストアマネジャー、フロアマネジャー （×店長）スーパーインテンデント ②マネジャー・スペシャリスト（部下あり） ③もうけ屋 〔期間数値責任〕 坪あたり営業利益高 ④〔共通努力課題〕 総人時数の削減 ⑤〔制限枠〕 欠品緊急事故報告と品質下限枠 を守り抜く ⑥〔性格〕 現場の商品管理作業のさせ方の専門家 ⑦〔本質〕 売場構成と作業計画との決定 ⑧〔任務〕 標準化作業の徹底と作業の段どり屋 ⑨〔技術〕 ・稼働計画と作業割当て ・部下への現場作業教育 ・客が求めているモノとコトとの理解 ⑩〔分担範囲〕 ワーカーの場合、売場分担をさせない （作業の包括委任はしない）

全国から原材料と製品加工の産地や生産者を見つけ出し、マーチャンダイジング・システムを造ること、つまり、食料品にしろ、衣料品、家庭雑貨にしろ、原料の手当てから加工、運搬・貯蔵から店頭で小売りするまでの全手順を設計し運営することだったのである。

その商人の好例が、17世紀、江戸日本橋に越後屋（後の三越）を開いた三井高利である。彼は朱印船貿易を利用して大陸の中国から絹糸を安価で仕入れ、職人たちにその材料と織機をともに貸し与えて商品としての反物をつくらせた。

その結果、今から300年以上も前の時代に、それまでの売価の3分の1という価格破壊をやってのけた。公卿や武士段階だけが享受できた絹の着物を、商人や職人や農民が着られるようにしたのである。これは商業による「格差（階級）の解消」という社会変革の役割も果たしたことなのである。

そうした取り組みが現在の日本の流通業で行われなくなってしまったのは、明治時代以降、小売業よりも先にメーカーが企業として大規模化したためである。我々が日本にチェーンストアを実現しようと決起したのは1960年代初めだが、そのときすでに日本では全生活物資について大手ナショナル・ブランドメーカーが出揃っていた。そのおかげで小売業各社は、自前の集荷や商品開発をしなくとも、卸売業から楽に仕入れるこ

とが可能だったのである。

欧米先進国の場合はこれとまったく違う歴史がある。

世界最初のナショナル・ブランドメーカーはフォード社である。しかし、フォードが大量生産方式で自動車製造の大衆品化と実用品化とを実現したのは、20世紀に入った直後から1910年までの間だ。

小売業ではそれに先駆けて19世紀半ば、英国で生協運動が起こり、米シアーズ・ローバック社は通信販売業態で成長した。米国食品小売りのA&Pは、地球の反対側にあるセイロン島で紅茶の生産指導から始めて製造を開始し、1880年には早くも3桁の店数を達成した。したがって、欧米では小売業の製品開発の方が、ナショナル・ブランドメーカーの試みよりも歴史的には先なのである。

自らマーチャンダイジングをしなければ売れる商品を入手できなかった欧米の小売業と異なり、日本で1960年代にチェーン化を意図した小売業は、NBメーカーが開発した品をそのまま仕入れ、やや低コストで売れば、ひとまずビッグストア化できたのである。

その結果、どこの大手流通企業もマーチャンダイジング（商品開発）という本来の取り組みを追求せず、本格的マーチャンダイザー、いや本格的バイヤーの育成すらもない

がしろにしてしまったのである。

だから現代の日本では、商品部はベンダー（卸売り業者や商社）からでき上がった製品の買いつけを行う機関なのだと根本的に間違って考えられている。

しかし、古くから考えられているクリエイティブラインの本来の機能は、原材料段階から商品を客に届けるまでのすべてのしくみの設計者というものなのである。その中身は価格と品質・機能の決定権を含んでいるのだ。

このことを、英語では「（客へ）サプライ（供給・提供）」するという。日本でバイヤーの職務のすべてだと考えられている「買いつけ」は、ベンダーに品代さえ払えば誰でもできることであり、本来のバイヤー職務はそれだけでは決して結実しないのだ。

しかも、日本のバイヤーは店に届けた後の商品の処置は店長の仕事だと知らん顔をしがちである。だが、本来のチェーンストアのバイヤーの任務は、お客に商品を供給するまでの方法と手順とをすべて決めることなのである。

オペレーションラインの2つの機能

一方、オペレーションライン、すなわち店舗運営側における組織分業上の機能の第1は、完全作業を部下に実行させること、そして第2は、その労働コスト全体を引き下げる（それによって営業利益高を確保する）ことだ。しかし、この2つ目の機能は、日本ではごく最近になって言及されるようになった新しい技術課題だ。だから実際にこれをオペレーションラインの任務としている企業は、まだまだ少数である。

日本のチェーンストアづくりがスタートした1960年代は、日本の賃金水準はアメリカの約半分であった。したがって、いかに労働コストをコントロールするかということを重視する必要はなかった。当時は面積の拡大対策が、経営政策上より大事だと考えられていたのである。

しかし、今日の日本の賃金水準はアメリカと比べても5割は高く、地球上の文明国の中で最も高額になってしまっている。

そこで、オペレーションライン、つまり店舗運営を担う店長やその他のオペレーション・マネジャーに求められる機能のひとつが、賃金原資の確保、すなわち労働生

産性（従業者ひとりあたり年間荒利益高）ないし、人時生産性（ひとり1時間あたり荒利益高）の向上というようにまったく変わってしまったというわけだ。そういう意味で、現在の日本のオペレーションラインが果たすべき役割は歴史的にはきわめて新しいものなのである。

だがそれ以前に、1つ目の完全作業を果たすという、より基本的な機能でさえ未だに欠いているのが、日本のオペレーションラインの欠陥問題である。

完全作業は、多店化経営をモットーとするチェーンストアのオペレーションラインにとって、最大の任務である。ところがともすれば、それは肉体と精神とを酷使して、とにかく能率を上げろ、という要求になりやすい。昔から「店長」というと「テキパキとわき目もふらず、私語もしないで働け」と、作業者に要求することを主な職務とする肉体労働指揮者のことだと考えられている。つまり、過重労働、部下酷使の張本人なのであった。

その原因は、完全作業が何かを決めずに何となく作業が行われているからである。もとはいえば本部が店に必要な作業についてのキマリ、いいかえれば方法についての情報を提供していないためなのだ。一方、店側にも、完全作業のために現場で必要なキマリとその不具合を発見し、ただちに正確に報告して本部側に是正を促す義務がある。本部が現場と乖離したことばかりしているのは、その問題提起をしないオペレーションラ

イン側も怠慢というわけなのだ。

いまから約40年前、アメリカのチェーンストアの本部をいくつか訪問して経営システムの調査をした際、各社の大幹部は口を揃えて「会社が潰れるときは、本部がいい加減なときである。しかし、その原因は店側が問題点を本部に申告しなくなったときだ」とはっきりと言っていた。当時、我々の引率した企業側トップは店数3〜10店の小規模だったから、この言い分はピンと来なかった。ところが、我々の中でも店数50店、100店、200店と多店化していく企業数が増えてくるにつれて、先の指摘は正鵠を得ているものなのだとわかってきたのである。

日本のオペレーションライン・マネジャーたちは、本部からごくわずかに提供された情報だけを駆使して、上手にやりくりして成績を上げることが役割だとされているのだ。

これは、そのように教育されているためである。

企業が未熟な間はそれも必要だとしても、店側から商品部など本部側が決めたキマリや制度の中の不適切な部分を具体的にいち早く指摘し、それによってチェーンストア経営システムの根幹である完全作業の実現を目指すことが、店舗運営側の本来の機能なのである。

II 商品部のマネジメント

坪あたり荒利益高と貢献差益高

そこで、企業はクリエイティブラインとオペレーションラインとの分業が機能するためには、それぞれに属している全職位の役割を、ひとつずつ決め直さなければならない。

まず、商品部である。

すでに述べたように、クリエイティブラインの機能は商品をお客に提供し、買い物が終了するまでのサプライシステムを緻密につくることである（最近は、消費者がその品を使い切るまでの責任を感じることも、社会的任務として必要とされている）。それらについて直接会社としてのキマリを細かく決めるのが、バイヤーとマーチャンダイザーである。そこで具体的な職務内容を表したのが、図表4—②に挙げる各項目である。

第4章　チェーンストアのスペシャリストの任務と職務

これらの職務の目標を数値責任の種類で表すと（前掲図表4—①）、小売業バイヤーの場合は担当する商品群の「売場1坪あたり荒利益高」であり、フードサービス業では担当するメニュー品目（または品種）ごとの荒利益高である。これに対してマーチャンダイザーは「貢献差益高」である。貢献差益高というのは、その人自身がその期間に商品開発をすることで新しく増加させえた荒利益額のことだ。前期の延長分は勘定に入らないのである。

もちろん、これらとは別にバイヤー、マーチャンダイザーとも、担当する品目の販売数量について責任と義務とがある。

どの数値責任も、その数値をよい方向にどれだけ変化させえたかという変化の量で、貢献度が評価される。つけ加えれば、目標は変化中の数値の幅であって、絶対値そのものが多いか少ないかではないことに注意してほしい。

日本の企業の多くはこの原理とはまったく異なる効率数値を、しかも多種類適用して「数値解釈度」における評価尺度に用いている。しかし、それはその企業だけの勝手な我流解釈で、チェーンストアの伝統的な組織論とは異なるものなのである。

特に多いのは、そのバイヤーが担当する全商品の荒利益高や売上高という、絶対値の多寡で評価することだ。そうするとバイヤーは、自分の担当する商品を扱う売場面積を

図表4-② バイヤーとマーチャンダイザーの職務
(バイヤーの場合は※印が除かれる)

〔小売業の場合〕

(1) 買いつけ先、※加工先
(2) 品目、※その仕様(品質・形・寸法・量・材料・原料・加工方法)
(3) 買いつけ値、※加工原価
(4) 分類方法
(5) 納品時期と量
(6) センターへとセンターからの運搬単位と方法
(7) 店・売場への運搬単位と方法と日時
(8) 補充発注の単位とその手続き方法
(9) 検品(検数・検量・検質)の方法
(10) 販売単位とその包装
(11) 売価
(12) 値付け作業方法
(13) 在庫量の地理的分配と保管形式
(14) 売場の適正規模
(15) 陳列量とフェイシング数 ─┐
(16) 陳列位置 ─────────┴ 棚割り
(17) フェイスと陳列器具の設計または購入と陳列方法
(18) 事前包装と最終包装
(19) 販売促進方法
(20) 統計のとり方

〔フードサービス業の場合〕 (上記のうち下記の番号のみ入れかえ)

(1) 原料・材料買い付け先、※仕様
(4) 加工方法と材料の使い方
(10) 販売単位と配膳方法
(13) 材料・仕込み品在庫の地理的分配
(14) ※加工場と客席の適正規模
(15) 演出方法
(16) ※メニューの設計とサンプル陳列方法
(17) ※器具と車輛の設計または購入と使用方法と保全方法

3.責任の範囲(わが社の在庫はどこにあっても責任がある)

①品目=少数

②種類=貢献差益高(バイヤーの評価尺度は坪あたり荒利益高)

③制約=在庫の上限と下限

広げること、在庫をより多く増やすことにのみ努力をすることになるのだ。その結果、本来の職務であるわが社で扱うべき品目選びが疎かになる一方、在庫高も自然に過大となり、店ごとの担当商品の売場面積は棚板1枚分から30坪までというようにバラバラになってマネジメントできなくなってしまうのである。

そうなると、POSデータを見ても1品目ごとの売れ行きすう勢はまったくわからなくなる。しかも、そのいびつな品ぞろえは店が潰れるまで変更されなくなる。だから、バイヤーの数値責任は、1坪あたりの荒利益高でなければいけないのである。この際の評価期間は13週または年間だ。

また、日本の流通業で間違って重要だとされることが多い数値種類に、交叉比率がある。これは荒利益率×年商品回転率で計算できる。実際には、ただ在庫高を減らすだけで見せかけの数値が増える。つまり、次に発注しなければいくらでも数値は大飛躍させられる、意味のない尺度なのだ。

バイヤーとマーチャンダイザーの職務の詳しい説明とその技術論については、拙著『仕入れと調達』、『商品構成』（ともに全訂版、2010年刊、実務教育出版）を参照してほしい。ここでは、組織論のテーマである商品部のマネジメントの勘所の方を、詳しく解説しよう。

在庫の管理責任

図表4—③には、商品部がクリエイティブラインの機能を果たすための組織管理上の要点を並べてある。

A、在庫の状態を、単品（SKU）ごとに、数量と金額、地理的位置と品質維持状況の4点を正確に把握しあるべき状態を維持し、不適切な事態に対策をとる職務はバイヤーが行うものである。だが実は、制度上そう決められていない流通企業はまことに多いのである。だからすでに述べたように、日本のバイヤーはわが社の商品在庫はどこに存在しようと、自分の責任だという自覚がない。センターや店にいったん届いたらあとはセンター長や店長管轄に移っていると思い込んでいる。

実際には、加工前の材料や輸送中、倉庫保管中の商品となると、バイヤーはその金額や数量、それどころか、保存状態や現在の地理的所在についても、わかろうとしていないのである。

商品も材料もわが社に入荷したとたんに買掛金という資産勘定に入るわけだから、地

図表4-③ 商品部の機能（任務）のわけ方の原則

(Mgr.＝マネジャー)

A.在庫量と在庫高との責任――商品・製品・材料はつねに商品部バイヤーにある
　　　　◇バイヤーが所在とその処理対策を決めねばならない

B.ヘルパー機能の分割（バイヤーに包括兼任はダメ）
　　　※1.事務作業は事務専任セクションに包括委託
　　　　　2.直接情報源としてリサーチとマテリアルのセクションが独立
　　　　　3.広告宣伝にはベンダーとの交渉専任をおく

C.部外で活動する連繋組織
　　　1.ゾーン単位社内ディストリビューター制度：ディストリビューター（またはブランチ・バイヤーという）が店ごとに、SKUごとの納品量と時期とを決定
　　　2.高度の技能作業は、店ごとのヘッドが担当
　　　3.技能作業の水準が落ちたときはヘッドの中からインスペクターを臨時に任命して、各店を巡回指導する
　　　4.商品大部門別にフィールドマン制度（プレゼンテーションの指導）
　　　5.店に対して具体的なプレゼンテーションのガイド通信制度
　　　6.店舗とのコミュニケーションのための討論・対話
　　　7.PBのシリーズづくりのために①ソーシングと、②追加生産システムづくりを担当する「情報事業体」または特定ベンダーグループ
　　　8.科学的検査（鑑定）能力のある試験・研究機関（社外に委託）

D.開拓は（イ）商品開発はマーチャンダイズ・Mgr.グループが品種間横断組織として担当（その部下にはマーチャンダイザーやバイヤーがおり、ステープル商品の仕入れ担当のバイヤーとは担当品種がダブルこととなる）
（開発と改善と改革）〔上記C.7と連繋〕
　　　　　（ロ）商品ラインの改廃と新設は営業企画"ラインスタッフ"で
　　　　　（ハ）店ごとの売場構成はストア・マネジメント担当Mgr.に専属起案権（13週ごと）
　　　　　（ニ）システム変更は業務システム"ラインスタッフ"で

理的にどこにあろうと、どう扱うかはすべてバイヤーの決定対象である。それが正しい在庫高責任という意味なのである。そのために、決められた保管期間（実際は在庫年齢）または品質下限を超えれば、その商品の担当バイヤーはペナルティを受けるのが原則である。

そのためには、まずバイヤーひとりごとに在庫高上限を決める必要がある。予算枠を決め、それ以上企業としては購入できないと決めるべきである。

バイヤーが新たに商品を仕入れたいと思っても、その在庫高の許容範囲を超える限りは実現できない。現状は、上限がないからいくらでも扱い商品が増えてしまい、結局は死に筋が残る。新しく仕入れをしたければ、まず死に筋の在庫高をバイヤーは減らすべきなのである。

そのために、ラインスタッフに属する在庫コントローラーが専門職位として独立しており、バイヤーひとりごとの在庫高が適正な範囲に収まっているかを監視する。在庫高責任をバイヤーが負うときに必要な制度である。

ヘルパーの役割

B、ヘルパー機能の分割とは簡単にいえば、バイヤーには1日1時間以上の事務作業をさせるな、広告宣伝作業をさせるな、現場の売場づくりの直接指導をさせるな、バイヤーには本来の任務である商品問題の分析と決定活動に専念させろ、ということだ。

どこの会社でも商品部の最大の難題は、バイヤーが本来の職務を果たすために必要な時間が足りないことである。その理由は、毎日の労働時間のほとんどをデスクワークに注ぎ込んでいるからである。

図表4─④は、過去数年に渡るペガサスクラブのバイイング関係セミナー参加者計857名が答えた、バイヤーの日常業務の実態である。

これをみると、7割のバイヤーが毎日4時間以上を事務作業に費やしている。逆に、それがあるべき形の1時間未満で済んでいる人は、100人にわずかひとりしかいないほどの貴重な存在である。だから、いつまでたっても売場1坪あたり荒利益高は変わらないし、どんなに新しいベンダーを発掘しろ、在庫を減らせ、売れ筋を育てろと要求しても、何も変化しないのである。

図表4-④ 商品部バイヤーの実態集計結果

（平成8年と10年と12年と13年と15〜18、20年までの計9回の組織づくりセミナーと、13〜19年までの計11回のバイイングセミナーと、17、19、20年までの計3回のPB・SBづくりセミナーの総計23回のセミナーへの参加企業の合計857人分の累計）

(1) バイヤーの作業時間

(A) 1日あたりの実働時間

時間	%
12h以上	26
10h〜12h未満	48
9h〜10h未満	15
8h〜9h未満	10
8h未満	1

超勤手当を正当に支払う体制がいる

(B) そのうち事務作業時間数

時間	%
7h以上	18
4h〜7h未満	52
3h〜4h未満	13
1h〜3h未満	16
1h未満	1

69%は1日の大半が事務作業、1h未満は1%のみ

それならば、バイヤーに調査活動をさせるために、まず本部の事務所からバイヤーを外へ追い出せということになる。そである企業が「バイヤーは昼間は外出せよ」という号令を出した。すると、バイヤーたちは隣のビルの喫茶店に集まって電話でやり取りをしてしまうから、あとで電話会社からの請求額がどっと増えただけだった。

こうした事態を根本的に解決するためにはデスクワークの大部分をバイヤー職務から奪い、他の専門家たちが行うようにするしかない。そこで、商品部の事務を担当するヘルパー職位が不可欠なのである。バイヤーから奪った事務作業を管理するのが、図表4—⑤に示してある商品部オフィス・マネジャーである。このオフィス・マネジャーは、商品部内で

第4章　チェーンストアのスペシャリストの任務と職務

図表4-⑤　チェーンストア・システムにおけるクリエイティブ・ラインの任務の横割り組織図

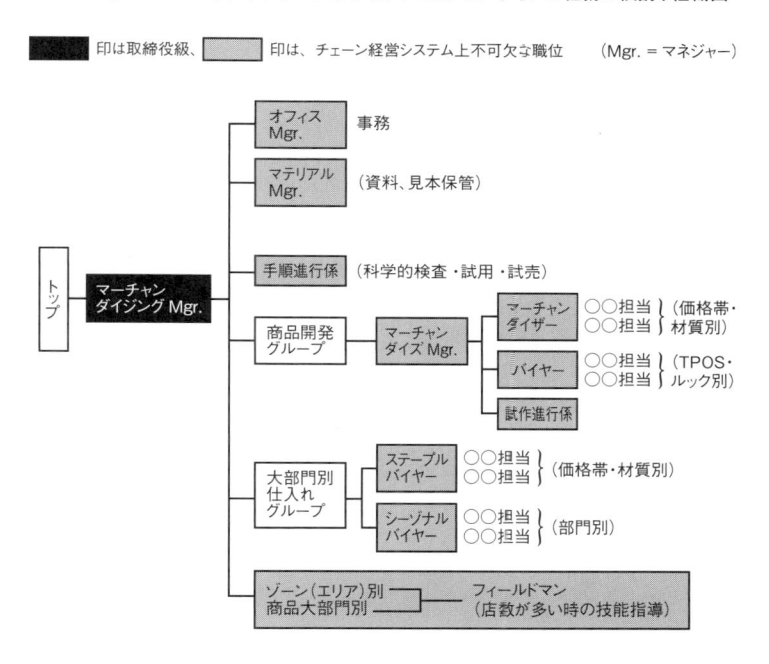

■印は取締役級、▭印は、チェーン経営システム上不可欠な職位　　（Mgr. = マネジャー）

```
トップ ── マーチャンダイジングMgr. ┬── オフィスMgr. ── 事務
                              │
                              ├── マテリアルMgr. ── （資料、見本保管）
                              │
                              ├── 手順進行係 ── （科学的検査・試用・試売）
                              │
                              ├── 商品開発グループ ── マーチャンダイズMgr. ┬── マーチャンダイザー ── ○○担当／○○担当 （価格帯・材質別）
                              │                                        ├── バイヤー ── ○○担当／○○担当 （TPOS・ルック別）
                              │                                        └── 試作進行係
                              │
                              ├── 大部門別仕入れグループ ┬── ステープルバイヤー ── ○○担当／○○担当 （価格帯・材質別）
                              │                     └── シーゾナルバイヤー ── ○○担当／○○担当 （部門別）
                              │
                              └── ゾーン（エリア）別商品大部門別 ── フィールドマン（店数が多い時の技能指導）
```

マテリアル・マネジャー

マテリアル・マネジャーとは、わが社の商品や販売について実態を示す数値資料や商品実物、購入した商品サンプルを保管している責任者である。

日本では大体どの企業も、自社の大成功または大失敗した商品について実物保存ができていない。もともとそれらを保管する物理的な空間すら企業の建物の中にないことが多い。

だから企業から、本社を建てたいのでその設計について意見が欲しいと頼まれると、私はいつもまず、この資料保管室の必要性を指摘する。実際には、たとえ建物の青写真

も経験豊富だと認められた人でないと務まらないことが、これまでの数々の会社の実験でわかっている。商品部でのさまざまな立場の職位を経験していなければ、どの作業をバイヤーから取りあげて、どの作業を本人にやらせなければいけないのか判断ができないからである。

第4章　チェーンストアのスペシャリストの任務と職務

にそれらしき部屋があったとしても狭すぎるものばかりだ。開発商品などの実物は、過去のすべてを保管することが必要なのである。

たとえば、わが社で一度扱ったが大失敗した、という商品の実物こそ保管されていなければならない。そうなっていないから企業内で絶対にやってはいけないことが後日、同じように繰り返されてしまう。商品部には、こういう品質や価格のものは二度と仕入れてはいけないという実物例がたくさん残されていなければいけないのだ。

また、サイズ種類別の販売数量比とか、季節（気温・天候）ごとの販売数量比など、数年分について一度統計を取ればあと何度も役立つ比率数値なのに、企業として記録方法と責任所在がいい加減なため、再活用できなくなっているのが現状なのである。

だからこそ、これらの資料について、マテリアル・マネジャーが指導者として任命されていて、誰もが相談できて、いつでもこの貴重な資料の利用が可能な状態にしておかなければならないのである。

リサーチ・エキスパート

この調査職位は、商品構成や売価、我が店の1店あたりの実際の商圏人口とあるべき商圏人口調査、わが社の客層調査（逆に不足客層調査）など、商品政策や店ごとの改善に関係する事実調査（フィールドワーク）を実行するグループのまとめ役である。こうした立場の熟練者がいないから、店長を使って他店の特売価格調査ばかりをしているのが多くの企業の現状である。そして、これらの本来調べなければならない項目については、大部分の日本の流通業企業で実態が判らないままなのである。

バイヤーはそうして集まった調査結果を見て行動を変更すべきである。しかし、実際に正確な調査をし、作表までやるのは別の熟練者たちであるべきなのだ。他地区や競争相手の店に行き、価格や品目名や陳列数量を調べるには、ズブの素人では不正確になってしまう。もちろん、正しい調査手法の訓練には人時数がかかる。しかし、そのほとんどは何度か教育すれば、誰でもできる作業ばかりなのである。

実際には、リサーチ・エキスパートが訓練した専門のパートタイマーを引き連れて調査にいけばいい。この品種についてはAさんが担当するというようにして、毎回同じ人達をお客と同じような服装で小型バスに乗せて遠征するのである。そうすれば、バイヤー

第4章　チェーンストアのスペシャリストの任務と職務

が片手間でいい加減な調査をたまにやるより、ずっと迅速に正確で膨大な記録が集められるのである。

広告交渉担当

広告宣伝対策には、ベンダーとの交渉の専任者が必要だ。「来期のこの数週間にこの地区で、貴社の扱い商品のAという品目の地域占拠率を2パーセント高められるとすると、メーカーとして販売促進予算をいくら出すことができるか」とか、「この広告に使用するために、専門家が撮影した本格的な写真を提供してほしい」あるいは、「試供品をどれだけ提供できるか」とか、「この販売促進媒体では、その費用は掲載商品のメーカーにどれだけ分担してもらえるか」とか、こうした交渉のすべてをこの職位の人物が行うのである。

欧米のチェーンストア関係者は、販促費をメーカーに負担させていない日本の売場を不思議に思っているのだ。どの小売業の売場にも、何社ものメーカーのロゴや商品名が入ったPOP広告や販売促進治具が見える。これと逆に欧米の売場なら、あるメーカー

183

の特定品目が最も目立つ大量陳列となっている。それらのほとんどの場合、販売促進費を、ナショナル・ブランドメーカー側がマーケティング費として負担しているのである。日本の現状は、その交渉にあたる人がいないのが問題なのである。

もちろん、広告、販促物から、POP広告、折込チラシのデザイン、カタログまで、本部には販促治具制作のエキスパートが揃っていなければならないのだ。

社内ディストリビューター

図表4—③（175頁）に戻ろう。Cは、商品部関連の職務の分業についての経験法則と商品部の外にある協力専門職位との関係を記したものである。

社内ディストリビューターは、店数が10店を超えるつまり2桁以上の企業には絶対に必要な職位である。しかし、不思議なことに日本ではその必要性がほとんど認識されていない。

社内ディストリビューターとは、日常勤務は物流センター内に所在しているオペレー

第4章　チェーンストアのスペシャリストの任務と職務

ションラインの一員（センターがない場合は、トップ直轄のラインスタッフ）だ。上司はセンター長であるが、それは勤怠管理上だけで、職務上は商品部と店舗との両方に直接つながっている。

その職務は、店ごとの、単品（SKU）ごとの納品数量とその日時とを起案すること、つまり商品についての発注起案を、本部のバイヤーに対して行い、店舗の適正在庫を維持することを任務とするのである。

日本の流通業では、発注は未熟な、もしくは販売予測技術を持たないワーカーが端末機を持ち、単品（SKU）ごとの発注数を瞬時に入力することだと考えられている。

端末は、1単品ごとに複数の数値と文字情報とが表示されるようになっていて、それを参考にすれば最適な発注数が決められるという趣旨の機械だ。だが、実際には1単品あたり数十秒で決定しているのだから、これらの膨大な情報は活用されてもいないのである。しかも、その店だけの過去の販売実績数から販売予測をすると、誤差が大きくなるのである。

その結果、店舗では後方や棚の上に死に筋在庫が溜まり、その点検や移動、保管に手間をかける。

その一方で、過剰在庫を防ぐために多頻度少量発注を行い、毎日少しずつ商品の入荷

185

処理と補充業務を行っているのが実態である。結果的には、そのために膨大な作業人時数が費やされている。

企業によっては、ITシステムの力で需要予測を行い、その算出結果をもとに自動発注を行うしくみを活用している。たしかに市場で発注端末の画面とにらめっこしている時間は少なくしく済むが、それによって適正在庫が維持されるとは限らない。店舗ごとのプレゼンテーション方法、競合店のチラシ配布、バイヤーの突発的な値下げ指示、同一品目の特売や欠品、テレビ番組での商品紹介など、将来の販売数量に影響を与える要因のほとんどを、需要予測プログラムでは数値化して計算できないからだ。

従ってチェーンストアの長い経験から判明していることは、本来、数十店の販売データをまとめて観測し時間をかけて分析した方が統計上、信頼性が高くなるということなのだ。

つまり、エリア単位に数十店分をまとめてデータ分析する技術を持った、専任のエキスパートを置く仕組みが必要なのである。これが、社内ディストリビューター制度だ。

その職位が、自動発注システムのデータや店舗の発注端末に入力された発注数を点検し、各店の適正在庫を維持するためにセンターからの商品出荷を止めたり、数量や納品時期を変更する提案をするのである。

当然、この社内ディストリビューター職位に就くのはタレント・スペシャリストである。30歳代後半の現場経験の深い人で、次のバイヤー候補生でもある。厳しい資格試験と数量予測計算手法の特訓を受けたスペシャリストを大量に育成することによって、はじめてこの本格的な社内ディストリビューター制が導入できるのである。

あるべき状態は、ひとりの社内ディストリビューターが10〜30店分の発注起案を行うことである。頻度は部門によって、毎日、週2回、週1回、隔週、月1回となる。この担当者ひとりが本部のバイヤー約5人分の単品数、売場面積とすると100坪分を担当する計算となる。それ以上になると、単品ごとに分析をすることが不可能になってしまうだろう。だから、600坪の店を100店持つなら60人、1000坪200店ならば200人、この発注起案ができるタレント・スペシャリストを育てなければならないのである。

マーチャンダイジング

Dは、商品開発を進めるための組織管理上の原則である。

商品開発を正しい軌道上で実際に指揮をとるのは、マーチャンダイズ・マネジャーである。マーチャンダイズ・マネジャーは商品部の長（商品本部長、職務内容は図表4―⑥）の部下である。

このマーチャンダイズ・マネジャーは、社内に複数ある商品開発班の中のひとつを率い、部下にマーチャンダイザーとバイヤーと試作品や試売の進行係とを持つ。試用（ライフ・テスト）や科学的検査の進行を担当する場合もある。なおこの時のマーチャンダイザーは価格帯・材質別に、バイヤーは品種別に担当する。

たとえば、衣料品のアクリル担当マーチャンダイザーは、アクリル製であればトップもボトムも重ね着も、すべてひとりで開発する。逆に、「セーター担当」といった品種別のマーチャンダイザーというのはいない。一方、その同じ班（ルックまたはコーディネートグループ別）に属するバイヤーは、自社で開発しないが一緒にコーディネートさせるべき服飾品や雑貨を、品種別に仕入れるのである。

同じように、ホームファッションの例を示せば、木綿担当やナイロン担当のマーチャ

図表4-⑥ 商品本部長の決定する商品政策の内容

①品種ごとの売価上限の決定 ─┐
②価格ラインの種類と比重との決定(少ないほどよい) ├→ わが社の商品構成グラフの決定と監督
③それぞれの売価ごとの数量の基準決定とその確認 ─┘
④わが社の性格(個性)を守るための公式(品質と機能の基準)決定とその遵守の監督
⑤ベンダーとの取り引き条件の原則の決定と徹底
⑥個人別数値責任と資金ワクの決定
⑦検品と返品と運搬と保管と在庫年令調査の原則と制度づくりの励行、監視客の商品についての苦情が早くくわしく届き、商品を変えられるための制度の維持
⑧値ごろを上げてゆくことの誤りの摘発
⑨定番の周期的監査
⑩売場イメージづくりと重点商品の決定

……マーチャンダイズ・マネジャー制のときは、以下を移譲……
⑪客の家族構成及びTPOSに合う品の組み合わせ方の指示
⑫核(Core)商品と販促商品の選定とルートの指示
⑬プレゼンテーションにおける強調方法の選定と強調売価種類の決定
⑭売価上限まででより良い質を確保する手段の指示
⑮月ごとの売上のバラツキがでないような重点商品ラインの決定
⑯新傾向品の採用とその発注数量についての指導
⑰追加補充集荷方法の指導
⑱スペシャリストの行動公式と行動計画の指導
⑲アウトプットマネジメントの指導
⑳調査と実験、試作・試用(試食)・試売の指導

……以下は職務としての義務……
㉑上記それぞれの個別の技術的システム的援助の助言・勧告
㉒上記の個別人事評価
㉓他の社内組織の長との調整
㉔取締役会への報告と提案の義務

ンダイザーが、カーテンやカバリングやタオルを開発し、バイヤーはそれとコーディネートできる造花や電気スタンドや壁掛けフックなどを集めることになる。

コーディネートした商品グループが新しく開発できれば、試作品を作った直後に試用と科学的検査とを繰り返し、そのあと試売を広げてゆかねばならない。

当然試売の直前に、売場プレゼンテーション方法やプロモーション計画なども決めねばならない。そして、試売はまず1店で、次に3店で、そして10店、さらに1エリアと順番に広げながら、修正を繰り返すという、面倒な手順を確実に進めていくことがチェーンの商品開発方式なのである。

そのためには、ヘルパーというべき進行係がこの商品開発班ごとに必要なのである。実際にこうした手順が無視され続けるのは、その進行を管理する担当者が現状の商品部にいないためである。

試売の結果、新商品の品質規格や売価や販売方法や物流方法が決まった後は、その商品の集荷は商品開発グループではなく、別のバイヤーが担当する。マーチャンダイズ・マネジャーとそのグループの職務は、新商品の開発だけに特化しているのである。

ステープルとシーゾナルの区別

一方、通常のバイヤーは、ステープル商品担当とシーゾナル商品担当とに区別される。

理由は、その2つは担当者の努力の方向がまったく逆だからである。

まず13週間はわが社で販売し続け、陳列を維持すべきなのがステープル商品である。

これを担当するバイヤーのモットーは、常に売場に必要な数量の在庫を持ち続けること、いいかえれば、欠品させないで商品構成グラフの形を維持することである。

これに対してシーゾナル商品とは、年間52週のうち13週間以上は続けて扱わない商品のことだ。ふつうゾーン単位で2週間から6週間だけ売場にある臨時商品のことである。

逆にいえば、1日か数日間だけの短期特売品とは違うのである。

この担当バイヤーは、売れ筋だけを仕入れ、予め予定した期間内にそれを売り切ることを目指すのである。シーゾナル・バイヤーは部門別、より正確にはTPOS別に担当が分かれていて、さらに、季節催事、たとえば春の一人暮らし開始用や、新入学用、新学期用、盛夏用、年末の掃除用、受験対策などに必要な品目の仕入れを行う。これとは別に普段まったく扱わない部門で品種を集める特別商品企画を全店で展開するコレク

ション・シーゾナル・バイヤーがある。このコレクション特売方式も、もちろん、季節や競争関係に合わせて、ゾーン単位で2〜6週間ごとにその特売品を販売する店を移動させていく。しかし、あくまで売り切ることがモットーなのだ。

このように、ステープル商品とシーゾナル商品では努力方向が逆なのだから、ひとりで両方を扱うべきではないというのがチェーンストアにおける経験法則なのである。両方を同じバイヤーが担当すると、いつのまにかシーゾナル商品がステープル商品化して、品目数が一方的に増え、売れ筋は逆に欠品してしまうということがこれまでの経験からわかっているのである。

未熟者の登用

商品部内の組織管理でもうひとつの重要な原則が、経験豊富なバイヤーが十分にそろっていないときの対策である。

日本の多くの会社では、30歳代、中にはなんと20才代後半の従業員がバイヤーに任命

第4章　チェーンストアのスペシャリストの任務と職務

される場合さえある。しかし、本物のバイヤーとは、新卒で入社してから20年以上の経験を積んだ40歳代以上の人物が任命されるスペシャリストのことである。マーチャンダイザーなら50歳代だ。

そういう人がいないとき、あるいは未熟者でも至急に経験を与えて早く育てたいときはどうすればいいのか。その答えは狭い範囲つまり少ない品目数でバイヤーとしての職務を遂行させ、次第に扱い範囲を広げていくという方法を採るのである。ふつうバイヤーは50～200品目を担当すべきであるが、それを経験の浅い人には5～20品目に絞る、しかし職務上の責任と義務とは同じなのである。

こういう人をアシスタント・バイヤーという。多くの会社でアシスタントとつくと、バイヤーとは異なるヘルパー的な補助作業者のことだと思われているが、そうではない。バイヤーと同じ任務を持ち、少数品目から少しずつ品目数を増やしていき、担当の売場を広げていくことになる。

ただし、広げるといっても、40歳代の本格メンバーでさえあるべき担当売場の広さはかつて10坪、現代でも30坪までと狭いのである。つまり、日本の現状はひとりの担当する売場面積がびっくりするほど広すぎて担当品目数も膨大すぎるのだ。だから、バイヤーたりうる能力の人数が不足する場合は、無理に直営をしないで売場貸しを行うべきなのだ。

この売場貸しとは、かつて商品部バイヤーが人員不足だった日本型スーパーストアが成長し始めたときに実際に活用した手段だが、本来アメリカの総合店チェーンがどこでもやっている方式だ。ラックジョバー方式とコンセッショナリー方式がある。

まず、売場貸しの相手への面積の割当ては1坪あたり荒利益額比例である。そして毎月翌月分の割当て面積を増減するという方式だ。売価上限だけを決め、価格と品揃えと補充陳列作業とは相手に任せ、その一方で、死に筋と売れ筋との発見方法と商談の進め方についてデータを集め手法を学びとりながら、わが社のバイヤーを急速に育成するという考え方である。

そのために、賃貸面積100〜150坪ごとにひとり、30歳代後半の在庫コントローラーを配置するのである。

194

Ⅲ　ストアマネジメントの方法

坪あたり営業利益高

オペレーションラインの本来の第1任務は完全作業であり、第2任務はコスト削減による利益の確保である。それには店舗関係のマネジャー職位の人々の職務を、従来型からガラリと転換しなければならないのだ。店長像の転換である。

店段階のオペレーションラインのマネジャーが請け負う唯一の責任は、坪あたり営業利益高である。しかし、その前提として店段階で全作業種類ごとに完全作業が行われる状態を維持する、という義務（図表4—⑦参照）も受け持っている。

現在、チェーンストアのあるべき坪あたり営業利益高は、本部とセンターの経費や設備償却費を差し引いたあと、なお年10万円突破が目安になっている。しかし、努力目標

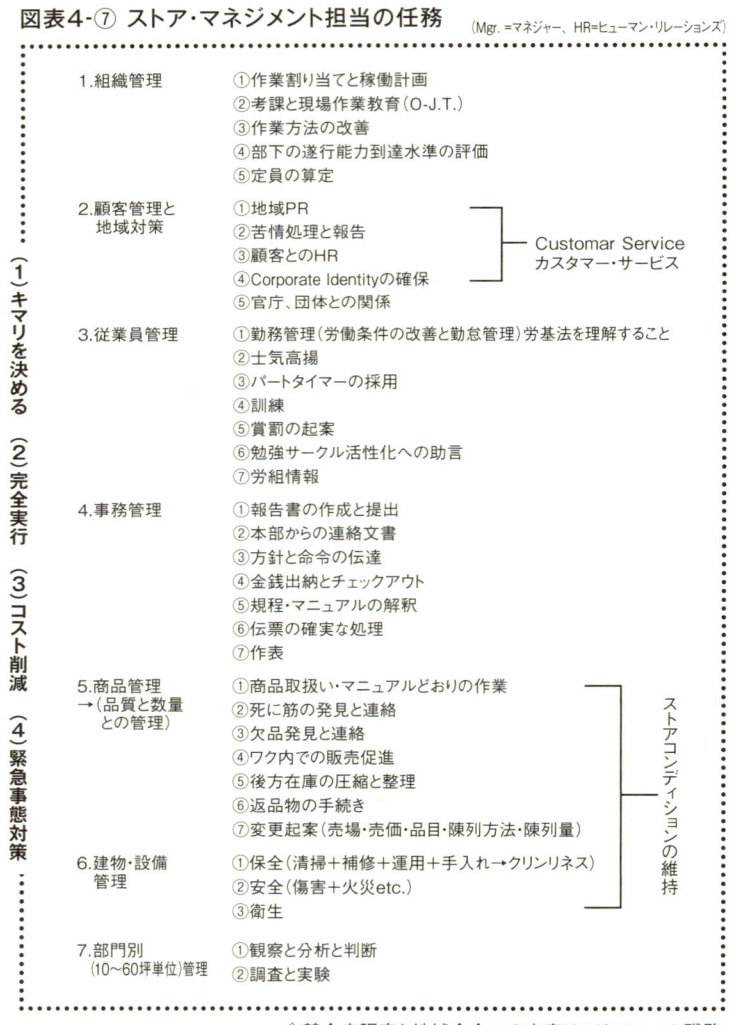

図表4-⑦ ストア・マネジメント担当の任務 (Mgr.=マネジャー、HR=ヒューマン・リレーションズ)

<table>
<tr><td rowspan="7">(1) キマリを決める　(2) 完全実行　(3) コスト削減　(4) 緊急事態対策</td><td>1. 組織管理</td><td>①作業割り当てと稼働計画
②考課と現場作業教育(O-J.T.)
③作業方法の改善
④部下の遂行能力到達水準の評価
⑤定員の算定</td><td></td></tr>
<tr><td>2. 顧客管理と地域対策</td><td>①地域PR
②苦情処理と報告
③顧客とのHR
④Corporate Identityの確保
⑤官庁、団体との関係</td><td>Customar Service カスタマー・サービス</td></tr>
<tr><td>3. 従業員管理</td><td>①勤務管理(労働条件の改善と勤怠管理)労基法を理解すること
②士気高揚
③パートタイマーの採用
④訓練
⑤賞罰の起案
⑥勉強サークル活性化への助言
⑦労組情報</td><td></td></tr>
<tr><td>4. 事務管理</td><td>①報告書の作成と提出
②本部からの連絡文書
③方針と命令の伝達
④金銭出納とチェックアウト
⑤規程・マニュアルの解釈
⑥伝票の確実な処理
⑦作表</td><td></td></tr>
<tr><td>5. 商品管理
→(品質と数量との管理)</td><td>①商品取扱い・マニュアルどおりの作業
②死に筋の発見と連絡
③欠品発見と連絡
④ワク内での販売促進
⑤後方在庫の圧縮と整理
⑥返品物の手続き
⑦変更起案(売場・売価・品目・陳列方法・陳列量)</td><td rowspan="3">ストアコンディションの維持</td></tr>
<tr><td>6. 建物・設備管理</td><td>①保全(清掃+補修+運用+手入れ→クリンリネス)
②安全(傷害+火災etc.)
③衛生</td></tr>
<tr><td>7. 部門別
(10~60坪単位)管理</td><td>①観察と分析と判断
②調査と実験</td></tr>
</table>

◇競合店調査と地域会合への出席はエリアMgr.の職務

は15万円突破である。この1坪というのは、小売業では売場面積、飲食業とその他のサービス業とでは店舗面積のことだ。

坪あたり営業利益高のほか、従業者ひとりあたりの面積、人時生産性、労働生産性、結果としては労働分配率といった作業効率を示す数値を、オペレーションラインのスペシャリストは経費コントロールの指標として用いる。だが、これらの指標は改善策の手がかりであって、その成果を評価する尺度は坪あたり営業利益高をいかに前向きに変化させえたかとなるのである。

売場構成の決定

もうひとつ、オペレーションライン・マネジャーの重要な職務として注目すべきことは、売場構成の決定権である。

これは各バイヤーの商品（売場）を店で扱うかどうかは、店長やスーパーインテンデントが拒否できるということである。このために店長は年4回、すなわち13週に1回は

必ず、その売場を継続して扱うべきかどうかを決め直すことが可能なような制度が必要なのである。

理由は、その権限を店長たちが持つことによって、ようやく営業利益高を確保できるからである。つまり、クリエイティブラインのバイヤーが現場のローコスト・マネジメントに反する要求を限りなくすることが多発していることについて、それを牽制するための制度である。

この制度がないと、要領のいいバイヤーは自分の目前の成果を挙げることだけを考えて、「変化陳列をもっとやれ」、「特売価格をさらにつけ直せ」、「接客を強化しろ」、「POP広告をもっと店で工夫せよ」と際限なく要求してくるものなのだ。だから、坪あたり営業利益高の確保を目指す店長は、バイヤーの要求が適切なものでなければその人が提案している売場自体を次のシーズンには拒絶することで、作業コストのムダな増加を食い止めるのである。

逆にいえば、バイヤー側は提案する商品構成やプレゼンテーションや販売促進手段を店舗側に素直に受け入れてもらうためには、はじめから店段階の作業コストがもっと減るように考慮していなければいけないことになる。そこで、陳列方法や、保管と移動の方法、値付けやリテイルパックなど、現場の作業をさらに減らせるような特別な工夫を

考えざるをえなくなるのである。

ただし、あくまでこのマネジャーが持つ権限は、特定のバイヤーの売場の存否に対して拒否ができるだけというものであり、品ぞろえ権限があるのではない。ここは間違いやすい点なのだ。

日本の流通業では、「お客様の声」と称して店が客の要望に応えて品目を増やしていくという、間違った思い込みがある。実際には、ごく一部の特別なお客からたまたま聞いた要望をかなえることで、逆にわが社のすべてのお客にとって便利な品ぞろえと逆行してしまうことが多い。そのためにチェーンストア組織では、本部側にバイヤーというスペシャリストがいて商品構成権を持ち、ニュー・アイテム導入の際の必要な手順を細かく決定しているのだ。決して店側にはその起案権を渡してはならないのである。

ゾーン・マネジャー、エリア・マネジャー、スーパーインテンデント

図表4—⑧は、オペレーションラインの職位体系図である。

図表4-⑧ チェーンストア・システムにおけるオペレーション・ラインの横割り組織図

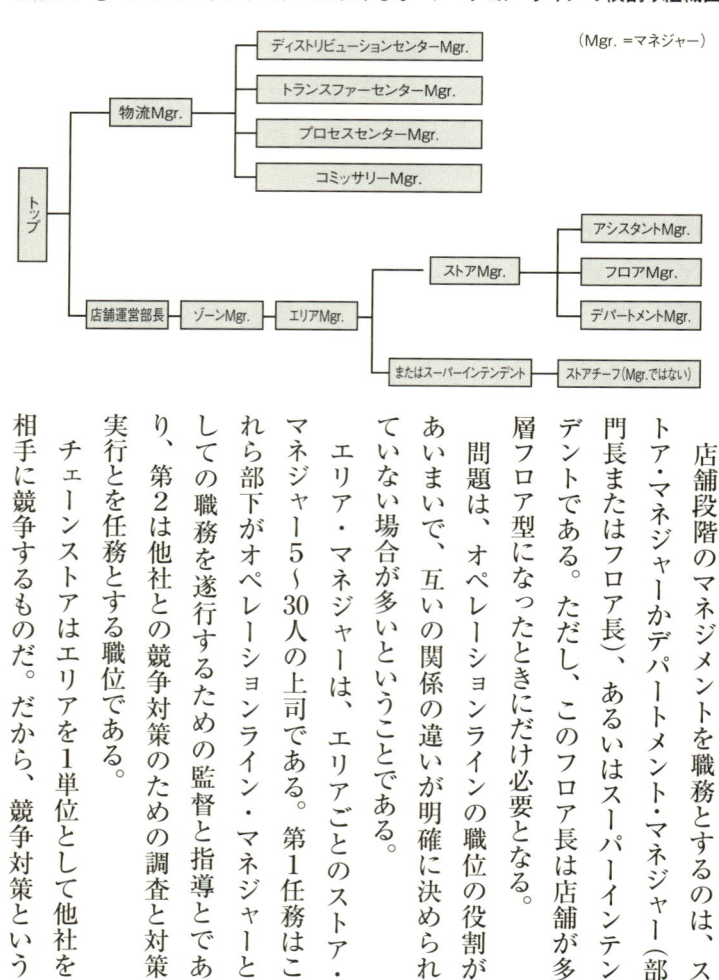

（Mgr.＝マネジャー）

```
                    ┌─ ディストリビューションセンターMgr.
         ┌─ 物流Mgr.─┼─ トランスファーセンターMgr.
         │          ├─ プロセスセンターMgr.
         │          └─ コミッサリーMgr.
トップ ─┤
         │                                    ┌─ アシスタントMgr.
         │                        ┌─ ストアMgr.─┼─ フロアMgr.
         └─ 店舗運営部長 ─ ゾーンMgr. ─ エリアMgr.┤     └─ デパートメントMgr.
                                        │
                                        └─ またはスーパーインテンデント ─ ストアチーフ（Mgr.ではない）
```

店舗段階のマネジメントを職務とするのは、ストア・マネジャーかデパートメント・マネジャー（部門長またはフロア長）、あるいはスーパーインテンデントである。ただし、このフロア長は店舗が多層フロア型になったときにだけ必要となる。

問題は、オペレーションラインの職位の役割があいまいで、互いの関係の違いが明確に決められていない場合が多いということである。

エリア・マネジャーは、エリアごとのストア・マネジャー5～30人の上司である。第1任務はこれら部下がオペレーションライン・マネジャーとしての職務を遂行するための監督と指導とであり、第2は他社との競争対策のための調査と対策実行とを任務とする職位である。

チェーンストアはエリアを1単位として他社を相手に競争するものだ。だから、競争対策という

職務はストア・マネジャーではなくてエリア・マネジャーの任務とする。つまり1店ごとの戦いをしてはいけないということだ。その目指すところは、わが社の扱う商品部門の価格帯の中で、地域住民の購買力の65％までをわが社で寡占しようというものである。

ゾーン・マネジャーは、担当するゾーンに属する全エリア・マネジャーの上司であるが、同時にその地域の品ぞろえの季節的調整と、特別な競争価格対策を行う人物である。

ここでいうゾーンとは、気象条件がほぼ同じ地理的な範囲のことだ。日本全国は大体、6〜10種類に分けられ、1ゾーンの中には5〜10のエリアがあるとされている。各ゾーンは雨量や気温が異なり、桜の開花時期や降雪期間も変わってくる。その結果、毎日の暮らしに必要なものがゾーンごとに少しずつ違うはずだ。ゾーン・マネジャーは気候が同じ地理的範囲の店について、特別な品ぞろえの決定権を持つのである。

一方、スーパーインテンデントは、1店あたりの従業者数が少ない中・小規模の4〜8店でストア・マネジメントを担当する職位である。ストア・マネジャーに代わってスーパーインテンデント制が必要になるのは、その方が現場をマネジメントしやすいからである。

その主な理由が従業員の稼働計画のためだ。組織論では指揮命令を最適に行いやすい集団単位があることがわかっている。たとえ

ば従業員の稼働計画では、20人以上をひとつのグループ対象単位として作成するのが最もやりやすい。仮に従業員ひとりあたりの売場面積が40坪だと考えると、800坪以下の店では20人を下回り、人出のやりくりがしにくくなる。ある時は人出不足で業務に支障がでてしまい、ある時は人出過多でムダな人件費支出が発生してしまうということだ。

そこで、4〜6店分をまとめてひとりのオペレーションライン・マネジャーが管理するスーパーインテンデント制をとるのである。

このスーパーインテンデントがいる企業では、各店にストア・マネジャーは存在せず、かわりにストア・チーフという熟練ワーカーがいる。この職位は、スーパーインテンデントから店段階の定期的報告義務といった一部の職務委譲を受ける（図表4—⑨）。しかし、ストア・チーフが果たすのは義務であって、オペレーションライン・マネジャーとしての責任は、先のスーパーインテンデントが負うのである。

図表4-⑨ スーパーインテンデント制におけるストア・チーフの場合

(a) 性格 ① スーパーインテンデントがストア・マネジャーの役割を果すべきで、Mgr.としての職務(責任)を負うのではない
② デパートメント・マネジャー(部門長)はストア・マネジャーの業務の管理の一部分を分担するが、ストア・チーフは作業内容を分担するだけ

(b) 職務　(1) 補充作業
(2) 陳列とPOP(広告)の原則維持作業
(3) 後方の整理整頓作業
(4) センターへの回送手配作業
　① 品質下限を下回る商品・材料の摘発
　② 指示された店間振替品
　③ ルール上の返品物
(5) 資産保全のための掃除(クリンリネス)・修理・取替え作業
(6) 客の苦情対応
(7) 緊急事故報告
(8) 売上と釣銭の金銭管理作業
(9) 伝票・文書管理作業
(10) 業務連絡(伝達と保管)と報告作業(勤怠を含む)

(c) 評価尺度(数値責任ではなくて、義務の遂行)
① 完全作業(確実さ)
② 改善提案
　(ムダ・ムリ・ムラと不当の発見とその変更対応策の的確さ)

Ⅳ ラインスタッフの意義

トップ直轄の理由

しかし、チェーンストア組織対策の決め手は、ラインスタッフという職能である。

ラインスタッフとは、クリエイティブラインとオペレーションラインという2つのライン（すなわち直接営業部隊）を技術的に援助する集団という意味である。以前は先のラインの人々またはトップ自身やトップをアシストすべきスタッフたちが片手間に行っていたものだ。しかし組織が中型（年商およそ50億円、店数約10店）以上になってくると、選任のエキスパートが実行した方がはるかに有効だという理由でつくられた専門職位ばかりである。だから、これまでクリエイティブラインやオペレーションラインに属してその部長の部下だった人々も、トップ直轄の新しい職位として独立することになるので

204

第4章　チェーンストアのスペシャリストの任務と職務

ある。いいかえれば、このラインスタッフが商品部長や店舗運営部長の指揮から独立して独自に活躍するというしくみなのだ。これこそ実際、チェーンストア組織の制度確立の決め手のひとつである。

ラインスタッフの特徴は、商品部や店舗運営部のいずれにも属さず、全社的な営業と業務上の課題ごとにエキスパートが登用されることだ。肝心なのは、トップ直轄で手足となり、その間に他の部室長や取締役が介在しない点である。だから、①現状否定の立場からの制度改革プロジェクト運営、②営業上の監査、③店舗開発などの中立的観点から決定すべき事項といったそれぞれの目的に応じ、様々な職位が設置される。

なお、ラインスタッフの職位だけはいつも同じ名称のものがあるとは限らない。裏返せばそれらの職位は、わが社がいま現在取り組んでいる重点課題の数だけあるものなのである。

特に重要なラインスタッフ

図表4—⑩に、ラインスタッフの職位種類のいくつかの例を挙げた。このうち、太字で書かれたものは絶対不可欠なものである。なかでも、下線のある職位の人材は最優先に準備されるべきものを示している。

① 営業企画担当職位は、商品部と店舗運営部とで分業している営業対策のすべてについて、大所高所、未来にわたるさまざまな想定から問題点を発見して指導することが職務である。具体的には、すべての営業活動の現状を否定して、長期計画につながる変更の必要性をトップへ起案することである。

その際の重点項目が、図表4—⑪である。

営業企画のラインスタッフは、トップに対して意見を述べるのが第1の役目なのだ。それを自ら実行したり、分野ごとの責任者と対決したりする職位ではない。だから解決策を自ら用意することよりも、問題提起の早さとその理由付けの早さが大事なのである。

もちろん、こうした現状調査の担当者が各部課から独立して調査や分析を果敢に実行するためには、周りの人々から協力を得られることが必要だ。そこで、まず本人の交渉力が問われることになる。そのうえ、トップ自らがその人物が孤立しないように、支援

図表4-⑩ ラインスタッフ職能に属する職位

＜但しトップ直属で、商品本部長または店舗運営本部長の部下ではない＞
　　　　（※印は商品部と店舗開発部とをリードする任務の職位）

- ※①　**営業企画室長**　　　　　　　┐
- ※②　**業務システム室長**　　　　　├→ システム改革中核サークルの長
- ※③　**売場構成コーディネーター**（売場変更時のみ臨時）
- ※④　**在庫コントローラー**
- 　⑤　社内ディストリビューター
- ※⑥　**スーパーバイザー**
- 　⑦　インスペクター　（調理、品質管理、安全管理、衛生管理、ストアキーピング、クリンリネス、応対、採寸、生鮮加工、チェッカー、タナおろし、運搬、しつけ訓練etc.）
〔短期・少数技能課題の作業指導を1人で全店を〕
- 　⑧　**商品大部門フィールドマン**〔プレゼンテーションの店舗巡回指導〕
- 　⑨　インストラクター〔臨時・短期任命方式に限る。社外の人はダメ〕
- ※⑩　レイアウト（後方も含む）マン
- ※⑪　カラーコーディネーター
- 　⑫　販促ディレクター
- 　⑬　催事イベンター（プロデューサー）（外部委託の場合のみ、直営なら品質部職能に含まれる）
- ※⑭　広告ディレクター
- ※⑮　コンシューマー（苦情）の相談（品質管理）室長
- ※⑯　**店舗開発・機器・什器開発のエンジニアリングエキスパート**

◇プレゼンテーション指示書作成・試売の進行・試用（ライフ・テスト）などは、商品部の手続き進行担当課長責任でその直轄サービス要員を使う（バイヤーではない）

◇D.C., Mrg., T.C.(Depot.)Mgr.とP.C.Mgr.とCommissary Mgr.とは店舗運営職能に属しているが、トップ直轄で、店舗運営部長及び商品部長の部下ではない

図表4-⑪ 手術のための営業企画スタッフの職務

＜一時的に人数を急増させ、その後人数の増減をくり返すこと＞

1. **目的** ①営業企画の一本化（商品部と運営とがバラバラだから）――┐ トップ直轄のこと
   ②同長期計画化（いつも短期決戦だから）――――――――――
   ③現状否定の大手術（"追加"＜"転嫁"）―――――――――――┘

2. **職務** ①商品企画――これは商品政策の抜本的改革案の起案である。
   その結果として価格政策（プライス・レンジの位置）、集荷ルート（国内だけでなく海外も）、核商品づくりの重点明示、販売方法とプレゼンテーションの連動シナリオ作成など。
   ②開発企画――ストアブランド、特にトレードオフ商品と日本にはなかったニーズ商品としてのプライベートブランドづくりの方向と枠決め。
   ③販売促進――広告とPOP広告の制作方針と新顧客開拓、機能や用途上の新市場への侵略対策。他方、地域ごとの強弱色わけを明確にしたマーケティングマップと効果測定プランまで。
   ④売場構成の標準起案――もちろん陳列台1台分から、店舗面積規模ごとの大部門構成の変更、つまり（イ）分類と（ロ）集計方法との変更から（ハ）業態転換まで。
   ⑤店舗レイアウトと什器備品の改善方向とその機能の改革。
   ⑥改装・改造計画――その投資効果測定から割り出した改革プランと年度ごとの投資計画と対象の選定と枠決め。
   ※⑦タイミングの選定（気象変化やファッション性適合の時期合わせ、商品のゾーン間移動の時期変化などの選び方について助言し、シーゾナブル・アイテムの値下げも勧告する）。
   ⑧シーゾナル（×ステープル）商品のプロジェクト計画と推進。
   ※⑨現場作業総人時数の削減のための作業システムづくり。
   ※⑩不振点対策の手順の標準化。
   ⑪店舗の改廃審査――拡張か移動か閉鎖か売却かリースかの判定。
   ⑫商勢圏の再検討――いつどこをどの順序で、何をもって攻めるか、あるいは撤退するか。
   ※※⑬事業の改廃とラインロビングの検討（卸事業の拡大策も）。
   ⑭上記に必要な人事異動起案。
   ※※※⑮同教育カリキュラム起案。

3. **条件** （1）担当者の能力（キャリアプログラム組または熟練15年〜20年組）
   （2）直属部下の質とチームワーク
   （3）ネゴシエイション力（他の部長級と取締役と現場の間）
   （4）トップの陰での強力なバックアップ
   （5）最後の決め手は研究費予算（調査出張旅費とセミナー受講費とアメリカ研修費）

第4章　チェーンストアのスペシャリストの任務と職務

をし続けることも不可欠である。無論、他のどの部署よりも自由に使える調査研究費（旅費と資料購入費と社外セミナー参加費など）と教育を受ける機会とがふんだんに与えられていることが前提である。

同じように、トップに対して重要課題について改善策と改革案とを提案するのが、が主な職務だ。

② 業務（作業）システム担当である。この職位は、日本の流通業の大課題である手続きの正確さと人時生産性とを向上させる、作業体制転換への軌道を具体的に描き出すこと

本当の課題ほど、現行の職位の責任と義務の中の改善への努力だけで達成できることは少ないのである。たとえば作業や業務システム上の欠陥は変化させにくいものだ。そこで、システム変更プロジェクト担当者が専任で、現状の業務の中で本当はやらなくてもよい作業、あってはいけないはずの慣習、なくてもよいものといったもろもろの障害について、科学的な現場調査のくり返しで追求し、あるべき制度対策案をつくるといった職務を担うのである。ただしシステムといってもコンピューターのことではない。

⑥ スーパーバイザーという職位は、製造業におけるオペレーションラインの管理職の総称として使われることが多いが、それはチェーンストアとしては誤用である。

本来、スーパーバイザーはオペレーションラインのマネジャー、すなわちストア・マネ

209

ジャーやスーパーインテンデントに対して、その週またはその月にトップが重点と決めた課題について、マネジメント上の指導や助言を与えるための職位である。

だから、トップが「次の2週間のわが社の特別テーマはこれだ」と示せば、スーパーバイザーは担当する店舗現場を巡回指導して、現場のマネジャーにそのテーマに徹底してやるべきノウハウを理解させる。たとえば、そのテーマに関係するキマリが実際に守られていない事例を発見し、それをマネジャーに是正させる。しかし、店員の指導や訓練を直接自らが行うことはないのである。

もっともオペレーションライン・マネジャーとして、常時不変の職務について監督と指導とは、オペレーションラインに属するエリア・マネジャーの日常職務である。

⑦一方、商品ごとの品質管理や作業動作・手順などの技能について、キマリの点検と追加指導とを体で示してみせる専門家が、インスペクターである。

このインスペクターの職務は、新しくマニュアルが制度化されたときや完全作業の違反行為が頻発したとき、期間を限定して集中的に店舗現場で問題点を教えて回ることである。この場合の対象は現場のワーカーだ。このインスペクターの候補は、普段店舗現場のいずれかにいる熟練技術者としてのヘッド・スペシャリストである。それを臨時に登用するのだ。だから、常設の職位ではない。

第4章 チェーンストアのスペシャリストの任務と職務

このような特別な任務を、トップの直属部下として受け持つのがラインスタッフだ。その人々がトップに替わって、実際の改革案や制度づくりのための調査実験などを行うのである。

しかし、流通業のトップはワンマンで良く働く人が多いから、ラインスタッフという専任の担当者を任命してもついつい口を出し、自ら具体的な行動についての指示まで出してしまうものである。それでは問題が限られてしまうし、気づかないうちに組織が硬直化してラインスタッフの斬新な発想が消滅してしまいがちとなる。

だから、トップはラインスタッフに属する職位の人数を増やすことと、その人々が活躍できるように絶えず援助を与えることに努めるべきである。

V スタッフの任務

スタッフの条件

 最後に、スタッフとサービスという2つの職能について、本来の任務とその本来の活用方法とについて述べる。もちろんこの「スタッフ」という言葉は日本の飲食業ではしばしば誤用される店員のことを示すわけではない。

 スタッフはトップにとって地理的にも時間的にも側近の大幹部である。それだけに人選が決め手なのだ。その際一番大切なことは、トップ自身が信頼できる最も優秀な人材ということである。

 また、第2章で説明したように、スタッフは戦略（10〜20年間変更しないで、継続する作戦）と経営戦略（5〜15年ごとに変更すべき作戦）とを練るための存在だ。だから、

トップに対して適切な提案を行うためには、現場や組織の実態（特に現時点の欠陥や弱点）について調査に時間（労力）と費用とを誰よりもかけられる人でなければ、職務を果たすことができない。

しかし、日本語でスタッフというと決まって本部建物内の常駐者、つまりデスクワーク屋のことになりがちだ。専務は「専ら務める」人と書くが、あなたの会社ではずっと自分のデスクに座っているだけの人という意味になっていないだろうか。本来の職務を果たすスタッフは、昼間は事務所にいないで調査と交渉とのために外部を動き回っているものなのだ。

さらに、スタッフと呼ばれる人々の中には、会議に出る度に他の人の改革案や報告に対して批評するばかりで、せっかくの案件を潰すことに精を出し、前向きな政策提案の事実上の障害物になっている人も少なくないのだ。

各社のスタッフの実態を調べると、立派な作文屋であったり、口が達者で理屈を捏ねるのが得意な人や、講演好きで他人に口先の指導ばかりしている人が多い。しかし、スタッフは討論の真ん中にいてはいけない。みんなの前で演説をする役割ではなく、むしろ聞き役に徹して、トップに対してだけ意見をいうのが本来の任務なのである。

スタッフに必要な条件をまとめたのが、図表4—⑫である。

図表4-⑫ スタッフの条件

- →①**プロジェクト起案者**
　　（スペシャリストの職位別1人ごとにプロジェクトを、全員分起案し、本人と討論して、成案に持ち込み、そのあとフォローアップすること）

- →②**政策立案**と維持・進行の補佐役（トップの分身としてやれていないことに怠慢を自覚すること）

- ③**急進派**（最もラジカルなシステムと企業文化との改革屋、組織図変更起案屋、全幹部の能力不足分発見屋）

- ④**タレント**（部下にさせないで自分でやってしまうこと）

- ⑤**情報屋**（制度上の不満と不平と不公平と不公正と不安の発見屋と情報システム＝インフォメーションシステムとコミュニケーションシステムの改善屋）

- ⑥**秘書役**（公私ともにトップの欠点のカバー屋）

- ⑦**方向**と経営重点**理解屋**（逸脱監査屋と例外解消の制度づくり屋）

〔社内の誰よりも　①勉強（読む・聞く・見る）していること
　　　　　　　　　②トップに提案・進言し続けられること
　　　　　　　　　③Self-Controlできること〕

逆に、こういう人物にスタッフは務まらないという例を挙げるとすれば、そのひとつはトップと同族であることだ。

スタッフの学歴は問題ではないが、常に学び続けられることだ。社内の誰よりも学習努力を重ねていけるようでなければスタッフとはいえないのだ。年齢なら40歳未満では役に立たないし、50歳前後の人がほしい。適性も問題であり、どんなに優秀であっても責任から逃避したがる人、目立ちたがり屋、忍耐強く交渉ができない人などには決して務まらない。

なるべく、わが社のすべての（5つの）職能を経験していることが望ましく、現場経験の短い人や、ひとつの部署だけに10年も居続けた人は不適格である。したがって候補者を見つけたら、5つの職能のすべてを計画的に高速配転させるべきなのである。

トップとの関係

もちろん、スタッフとして活動できるかどうかについての条件のひとつは、まずトッ

プとウマが合うということである。2つ目に、外部に対してはトップを徹底的にカバーし、しかし、3つ目にトップに対してだけは強く堂々と違った意見をいえることだ。会社の将来のために、雇い主であっても堂々と理論闘争ができる人物でなければ、スタッフ失格なのである。

極端にいえば、社長が「カラスは白い」といい出したら、外部に対しては「カラスは白いのだ」といいながらも、社長に対しては「カラスは白くなくて黒いのです」と正せることだ。だから、トップに命じられたとおりにそのままやるようでは役立たないのである。

かつて、ある会社のトップに電話をかけると、秘書が「いま社長は取り込み中だ」と応答した。とにかく連絡が取りたいからと何度か連絡をしてようやく捕まえると、社長は「もうあのスタッフの顔も見たくない」と思って出社しなかったのだという。実は、社長自身そのスタッフのいいぶんはもっともだと理屈ではわかっているけれど、それでも真っ向から否定されてみるとやはり腹が立ち、自主ストライキを行っているとのことだった。それを聞いて私は、「ようやくスタッフらしい人を見つけられましたね、おめでとう」といったものだ。

そういう緊張関係を築けることが、スタッフにとって必要なことだ。そのためには、

公私にわたってトップの欠点を補い、そのかわり、トップが経営の失敗責任をとるときは自分も運命を共にするほどの一心同体の覚悟がある人物だけが、スタッフとして機能できるのである。

職務内容

図表4-⑬は、スタッフの職位ごとの役割である。

最初に強調したいのは、エデュケーターとは従業員の訓練担当者のことでも技術の指導者でもないということだ。本来は、将来の組織を設計して、人材の準備を長期にわたって行い続けるスタッフである。これについては、次の第5章「組織開発」の中でも詳しく述べるので、その他の重要スタッフ職位について説明しよう。

トレジュアラーは、財務つまり資本と資産との対策の専門スタッフである。これは、未来対策が中心で資本活動の後始末を行うサービス職能に属する経理マネジャーとは区別することが大事だ。トレジュアラーはまず資金繰りを円滑にすることが任務である。

図表4-⑬ スタッフ　職位ごとの職務の原則

	職位名	基本職務	経営戦略的職務
専任	エデュケーター（組織開発スタッフ）	1. 目標組織図案の立案 2. 教育の必要性の発見 3. スペシャリスト候補の選抜 4. 個人別のカリキュラムの編成 5. 教材の作成 6. 配転計画案の立案と推進 7. 評価と試験の立案と推進 8. 信賞必罰の確保と起案 9. スカウトの立案と実施 10. 育成記録の作成と保管	1. 意識革命のムード醸成（用語丸暗記普及運動） 2. 定期と臨時の採用作戦の立案 3. 首切り屋 4. 資格試験制度の導入と確立 5. 教育体系の改革案起案 6. 社内報の編集起案 7. 賃金体系の改革起案
	コントローラー	1. 月別店別部門別数字計画の立案 2. 計画と実施との差異原因の調査 3. 計画の途中修正案 4. 個人責任の実証 5. 事実監査と制度監査	1. 数字権威の確保と逆ロス退治 2. 制度改革案の立案 3. 個人別評価資料の作成 4. 固定投資、社外投資の資本効率の計算 5. 全原価コストの算出とコストコントロール啓蒙 6. 長期目標立案 7. 個人ごとの数字教育の必要性をエデュケーターに通報
	トレジュアラー（財務スタッフ）	1. 資本調達対策の立案と進行 2. 資金計画の立案と実施（金融交渉を含む） 3. 資産有効使用の立案と監査	1. 上場と合併の準備（持株比率変更を含む） 2. 財務・帳票制度の改革案起案 3. 税務戦略の立案と実施
上記スペシャリストがいる時のゼネラリストスタッフ		1. 長期目標の策定 2. 体質改革の起案と推進 3. 戦略・政策情報の入手と分析 4. PR 5. トップ極秘事項	1. 部長以上の組織図立案 2. 業態確立の立案と推進 3. 全システムの監査と改革起案 4. Corporation Communication Systems 5. 重役教育の立案と推進

そのためには資本調達と、資産の運用について、長期および短期の政策を起案して、よき財務体質づくりを行うのが職務である。実際、会社が潰れるか、それとも資産を増やしていけるかは、財務スタッフだけの活躍の場なのだ。

社長が良い人材をスカウトしたと自慢するから話を聞くと、銀行で上位の管理職だったとか、他の業界の財務畑に何十年いた人物だったというものである。しかし、問題はその人が、数値の意味、すなわち売場の坪あたり在庫が10万円のときと、20万円のときと、30万円のときでは、商品の状態と関連作業がどのように変化するのかがわかっているかどうかである。だから、職務経験が財務畑一筋という人では、チェーンストアの財務スタッフとして役に立ちにくいのである。

図表4―⑭は、トレジュアラーの任務と、評価尺度となる経営効率数値である。トレジュアラーと同じように、現場に強くなければ務まらないが、そのことが無視されやすいスタッフが、コントローラーだ。

コントローラーとは、数表分析によって前期及び今期の計画と実績との隔たりの本当の原因を見つけ、作戦の変更すなわち改善と改革計画を起案する職位である。数字を使うといっても、財務の管理や数表と資料の作成をする人のことではない。数表から応急処置と制度対策との2種類を起案できることだ。現場の実態について経験と知識とが豊

図表4-⑭ トレジュアラーの任務

1. **職名の由来** ── 財務スタッフ＝Treasurer（宝物を活用する責任者）

2. **評価尺度**

    ① 総資本経常利益率（ROI）→ ②と③
    ※② 総資本回転率 ──────────── 投資効率 ─┐
    ③ 営業収入経常利益率 ────── 資金調達対策 ─┤
    （※④を上回ること）   │
    ④ 営業収入営業利益率 ─┐   │利益対策
    ◇⑤ 　分配率 ─────────┴─ コストコントロール ─┤ 　　　　　成長対策
    ※⑥ インタレスト・カバレッジ ─── 資金ぐり ─┤
    ◇⑦ 自己資本構成比率 ──────────── 増資 ─┤資金対策
    ◇⑧ 回転差資金 ────────── 在庫内容と支払条件 ─┤
    ◇⑨ 坪あたり在庫高 ─────────────────┤
    ◇⑩ 総資本増加率 ─────────── 面積拡大策 ─┘

    〔まず※印で評価、ついで◇印の努力を審査〕

3. **禁忌** ── ごまかしがないこと

    ① 借入金と保証とのつけ回し
    ② 脱税
    ③ 違法不払い（特に超勤手当）

4. **覚悟**　（イ）トップに対して、
    （ロ）"けられてもけられても"提案し続けること
    （ハ）"ダメはダメ"といい続けること
    　　　（辞表を胸の内ポケットに入れて行動のこと）

富でなければ務まらないのである。

さらに、中規模の企業でビッグストアになったばかりとか、または巨大規模になりつつあるときに必要なスタッフが、ゼネラリストスタッフだ。

多くの会社では、社長室長または経営企画室長が果たすべきとされている職務を担うのがこの職位で、トップの命令を総合的な分野で起案するのが本来の任務である。

この職位の人は、会社の基本政策や長期計画など、最重要案件について対策を実際に作成する中心的立場にいる。それは単に未来対策だけではなくて、現在の経営状況について現状否定のできることが必要なのだ。その結果として改革または改善案を提議する職務なのだ。そのためには他のスタッフ職位の大部分を経験しているベテランであるべきだ。特に20年以上にわたる長期的な戦略と10年未満のサイクルで変更すべき経営戦略との、それぞれの起案能力がほしいのである。

しかし、そうしたスタッフ人材が社内に不十分な状態では、ゼネラリストスタッフの職務の中心が、他のスタッフが分業すべき基本職務のすべてとなってしまいがちである。だが、実際はほとんどのゼネラリストスタッフが、その一部分しか果たせないでいる状態なのである。そこで、他の専門分野を持つスタッフが不在のときは、ゼネラリストスタッフは図表4—⑮に示した課題をまず優先すべきである。

図表4-⑮ スペシャリストスタッフのいない時のゼネラリストスタッフの職務

(a) 種類　①新規事業調査企画担当→その事業のシステム担当
　　　　　　→その事業のオペレーション責任者
　　　　　②システム担当　（1）権限と情報関係
　　　　　　　　　　　　　（2）商品管理・発注・納品制度・商品基準・分類・作業システム
　　　　　　　　　　　　　（3）物流センター、プロセス・センター
　　　　　③組織改革（上級者教育計画）
　　　　　④労組
　　　　　⑤P.R.
　　　　　⑥TopのPersonal Staff（極秘交渉と参謀）
　　　　　⑦長期ビジョンと目標と軌道

(b) ゼネラリストスタッフの緊急課題
　　　　①業種・業態の削減と開拓対策起案
　　　　②商品集荷ルートの切捨てと開拓対策の起案
　　　　③商勢圏と出店方針変更対策の起案
　　　　④子会社対策とコントロール
　　　　⑤組織変更対策と実施
　　　　⑥大物・中物スカウト対策と実施
　　　　⑦エグゼクティブ・ディブロップメント・キャリア・プログラム
　　　　⑧事実監査と制度監査と規程監査とシステム改革起案
　　　　⑨有識経験者からの意見聞き取り
　　　　⑩経営コンサルタントとの関係の持ち方

(c) 大緊急課題
　　　　①赤字の手術
　　　　②不稼働資産の活用
　　　　③経費零ベースで洗い直し
　　　　④人材棚おろし
　　　　⑤ストア・コンパリゾン

Ⅵ　サービスの任務

サービスの役割

組織図上で軽視されがちな職能がサービス職能グループである。

わが社の大部分のスペシャリストが本来の活躍ができないのは、サービス職能が機能せず、他のすべての職能に属する人々に事務作業がたくさん押しつけられているからだ。

スペシャリストが本来の任務を遂行するには、サービス職能が他の職能に属する職位の職務から、事務職務だけは取り上げてしまわなければならないのである。

このサービス職能の職務が不可欠な理由は、企業経営の基礎は、事務が完全にできることだからである。

これが個店経営から本格的企業経営へ、ついで店数がまず2桁に、そして3桁の店数

以上になれるかどうかの決め手なのだ。さらに店数が二〇〇店を超え、そして五〇〇店突破できるかどうかは、サービス職能の人材対策を行い、とくにオフィス・マネジャー職位に特別に秀でた有能な人物を任命し続けられるかにかかっている。

完全作業に必要な最も初歩的な能力は、正しい文字の書き方ができることだ。たとえば、数字を書くとき「4」と「6」との間で判別ができない、「2」だとおもったら「a」だったという状態では、ビジネス上大間違いが起こってしまう。すると数字の信頼性が無くなり、マネジメントがまったく進まなくなるのである。

そういう原始的な事務部分から完全作業の徹底をやかましくいう人が、会社運営の中で必要なのだ。このように厳密に正確さを追及していることが、サービス職能の確立につながるのである。そのあとでないと、チェーンストアの組織管理は前向きには進まないのである。

オフィス・マネジャーが有能だと、難なく10店の壁を突破できる。そして、さらに事務部門で作業の例外的なミスがなくなれば、次に50店が超えられる。そうすると事務を通じてはじめて、標準化とは何かが社内で理解できるようになる。それが100店突破の前提条件なのだ。

このサービス職能は、店数の増加に応じて、現金出納、給与計算、採用手続き、人事

224

第4章 チェーンストアのスペシャリストの任務と職務

文書揃え、初歩訓練、電算室作表、株式事務担当と細分化されていくのである。

だからまず、この職能に腕利きが登用されなければいけない。そのあとで、ラインスタッフのメンバーを揃えてトップ直轄で改革プロジェクトを進行させる。そして50店、さらに100店突破のために2つのライン向けの本格的なスペシャリスト育成と取り組む、というのが、チェーンストアの組織づくりの道順なのである。

第5章 組織の開発

I　組織の変更

組織開発とは

組織分業を実現することがなぜむずかしいのか。

その理由は、これまでの章で述べた組織管理の経験法則を理解しても、それだけでは現状の組織図を変化させることができないからである。チェーンストア経営システムを本当に分業できるスペシャリストの能力を持つ人が企業内に少なすぎるのだ。

これまでの経験からいえるのは、チェーンストア経営システムづくりにおける最大の難題は、スペシャリストたりうる人材の確保である。

こればかりはトップの頭脳がどんなに明晰であっても、人柄が卓越していても、一朝一夕では実現しないことだ。ひとりのスペシャリストの教育には、20年間以上が必要だ

228

第5章　組織の開発

からである。それを社内に100人以上も揃えるには、別に20年間もかかる。実際には最初は失敗もするから、それ以上の期間を準備しなければいけない。この準備対策を組織開発と表現する。いま何にも増して着手を急がなければいけない経営課題なのである。

エデュケーター

組織開発を直接計画し推進すべきスペシャリストは、スタッフ職能に属するエデュケーターという職位の人物である。

日本では総務部長か人事部長、時に社長室長や経営計画室長が兼任でその役割を果している場合が多い。エデュケーターという独立職位が不在なためだ。しかし、その人は他に日常業務として、採用や新人研修、労務対策までやらされている。

本来エデュケーターという職位は組織開発のみに専念することが職務である。だから、5年後、10年後、20年後のわが社の将来に結びつく人材対策だけで毎日忙殺されるはず

であり、決して他の仕事は一切させてはならないのである。組織開発の専任職位が独立していないと、必ず将来5年、10年、20年後の競争対策がなおざりとなる。そういう組織開発の失敗例を、アメリカのチェーンストアの興亡史から教訓としてまとめたのが、図表5―①である。

A、が組織開発停滞時に起きる現象で、その直接的原因がB、だ。だが、それがどうして放置されたかを問えば、その根本原因はD、の（a）から（c）の欠落だと判るのである。ひとことで表現すると教育スタッフ、つまりエデュケーターが不在だったということに尽きるのである。

そこでまず、エデュケーターの職務を既存のさまざまな職位から完全に分離し、独立した組織開発専任職とすることが必須なのである。他の職務を持たせると後始末や目先の雑務が優先されて、未来に向けた対策は必ず後回しにされてしまう。未来の人材対策だけが毎日の職務となれば、それだけをやらざるをえないのである。逆に組織開発が他の職務と兼任されたとたん、その内容は必ずなおざりになる。しかし、会社の10年後、20年後にむけた前向きな人材対策こそが、最優先の経営改革課題なのだ。

230

図表5-① 組織の硬直化(アメリカチェーンの教訓)

A．意味　(イ)　未来組織図がなく、新しい職位が増えない
　　　　　(ロ)　同一職位に5年以上いる人が大半
　　　　　(ハ)　止める・止めさせる決断をしない

B．原因　①　5年後、10年度の分業のあり方を誰も示さない
　　　　　②　長期対策がトップマネジメントの最優先の任務とされていない
　　　　　③　活躍と凡庸と怠慢の区別がなく、前任者の批判か、逆のことさえすれば体面を保てる風潮

C．事情　(1)　トップ・幹部が良し悪しを判断するために、原則を学ばなくなった
　　　　　(2)　すでにわが社はチェーンストアだと、誤解とうぬぼれを持った
　　　　　(3)　取引先や同業と馴れ合いばかりで、ダメだと言う仲間がいない

D．根本的な問題──次の3つの欠落と不備
　　　　　(a)　良し悪しの価値基準(チェーンストアらしさ)
　　　　　(b)　コミュニケーションをとるための言語(用語と数字)
　　　　　(c)　公正な評価(実績と能力)と処遇(報酬と自己育成機会)

E．点検せよ
　　　　　①　本部要員、とくに部長以上の職位の固定化していないか？
　　　　　②　階層数が増える一方、現状否定のためのプロジェクトは停滞していないか？
　　　　　③　個人で決定が行われず、集団承認会議が乱立していないか？
　　　　　④　セクション間のコミュニケーションが停滞していないか？
　　　　　⑤　トップや大幹部が、現場からも、本部からも逃走していないか？(顔を出さない、1対1のカウンセリングをしない)

Ⅱ 人事制度転換計画

人事構成の改革

図表5―②には、エデュケーターが取り組まなければならない、組織開発上の課題を挙げてある。

第1に、人事構成の改革とあるのは、現状の従業員平均年齢、学歴比率、社員とパートタイマーの構成比率、本部（センターを含む）と店舗現場の従業員構成比率（直間比率）、50歳以上の活用方法などの現状を変更せよということである。

組織運営の主力は、体力と経験がある40歳代にしたい。20歳代や30歳代が活動の中心になるのでは、チェーンストアらしい仕事は不可能なのだ。だから、従業員の平均年齢が20歳代や50歳代後半では困る。現在の環境では、30歳代半ばというのが、実際に維持

第5章　組織の開発

図表5-② 人事制度転換計画〔基本教育対策の見直しと並行すること〕

(Mgr.=マネジャー、Head=ヘッド、Helper=ヘルパー)

1. 人事構成転換計画
2. 未来組織図の公示
　　(1) 種類　①10年後、②3年後、③1年後
　　(2) 必要職能、職位ごとの必要人数を明示
3. 職制の変更
　　(1) Head制の大幅採用
　　(2) オペレーションMgr.の職階(賃金格差の)拡大
　　　〔(イ)教育店、(ロ)訓練店、(ハ)実験店、(ニ)赤字店、(ホ)新商勢圏進出店の 長の区別〕
　　(3) Helper任務の職位種類数の増加　　①ラインスタッフ
　　　　　　　　　　　　　　　　　　　　②商品部
　　　　　　　　　　　　　　　　　　　　③センター
4. 資格試験制の励行
　　(1) 受験対策　①受験資格、②準備方法、③教材
　　(2) 合格後の処遇〔あいまいなことが多い〕
5. 評価尺度の変更　①世代別、②職能別、③職位別、④年度重点課題別
　　〔20歳代は教育単元履修速度で評価〕
6. 賃金体系の変更
　　(1) 「同一労働・同一賃金制」「No work, No pay主義」
　　(2) 作業遂行水準給と能力給と職務給の世代別区別
　　　　　‖　　　　　　‖　　　　　‖
　　　　(20歳代)　　(30歳代)　(40歳代)
　　(3) HeadとオペレーションMgr.の中で上級職を増設
7. 労働条件改善計画の提示
　　(1) 就業規則
　　　①労働契約化
　　　②パートタイマー・アルバイトへもそのまま適用
　　(2) 超勤手当正常化
　　(3) 休日104日制(とり潰しのさいの買上げ励行)
　　(4) 年次有給休暇の完全消化
　　(5) 総労働時間の短縮
　　(6) 週間単位の基準労働時間制
　　(7) 年金制度の確立(定年制延長決定以前に)
　　(8) 労働組合との分業体制
8. 生涯設計の研究(労使ともに)の開発

したい数値である。

それと同時に肝心なことは、50歳代の人がいろいろな立場で決定役になっているのかどうかだ。また、幹部にはなれなかった大勢の人が第1線を退いた後も含めて、それまでの貢献に見合った十分な処遇を得られていることも大切なのである。

パートタイマーの構成比率が高すぎるのは、制度をつくるべきスペシャリストが十分に揃っていないということだ。パート化を進めることが良いと考えている企業は多いが、あるべきは頭数比率ではなくて、社内の総労働時間の3分の2の時間数をパートタイマーが担っている。逆にいえばフルタイマーが3分の1という状態である。

本部と現場との間の直間比率は、年度ごとに変化させるべきである。ある年度には本部に集中的に人材が集まっていて間接費比率が高いが、また別の年度では現場に人材が移っていてそのぶん直接費が増えるというように、その時の重点政策の内容によって大幅に、計画的に、変化させなければならないものである。

エデュケーターはこのような観点から現状把握を行う。しかし、それよりも前に、まず今後20年間で会社の規模、特にフォーマットごとの事業所数と商勢圏の数とはどう変わるのかについて方針を決めていないといけない。従業員の居住地、出身地も大問題なのである。

未来組織図

その方針を示したのが図表中の2にある「未来組織図」である。これは将来に向けて、わが社の組織分業をどのように変化させたいのかを描いた青写真である。エデュケーターはそれをつくることも職務の一部なのである。

会社として、5年後、10年後、そして15年後、20年後と、マーチャンダイザー、ストア・マネジャー、ラインスタッフといった、それぞれの種類のスペシャリストが何人育っていなければならないのか、その時どのような職務が発生するのかを、あらかじめ従業員に広く公示しなければならないのである。当然にそこへ到達するための自己育成の計画も発表されるべきだ。

こうした公示がなければ、「勉強すればスペシャリストになれる」と会社がどんなに吹聴しても絵に描いた餅で、社員は現実問題として想像もできず、会社を信頼できないのである。

多くの会社はこれを欠いたまま、長期ビジョンとして将来の売上高と店数だけを示したがるが、それらは働いている人々の人生にとって何も関係がないのである。社員にとって重要なのは、自己育成に励めば20〜30年後にもわが社に自分が活躍できる職位があるか、どれだけ生きがい、やりがいのあることをさせてもらえるのか、その時報酬額はどう変化するのかなのである。それには、会社としてまず未来組織図を公示することなのだ。

図表の5にある、評価の根拠と尺度とを明確にして従業者に知らせることも欠かせない。世代別でいうと、40歳代では職務責任の果たし方でその人物の評価を決める。しかし、20歳代には完全作業が行える作業種類名で技術レベルが評価され、報酬額の根拠となるべきである。完全にマスターした作業種類難易度別の作業種類をどれだけ増やしていけるかということだけが、20歳代に励むべきテーマである。これを会社側が約束しなければ、従業者の自己育成の内容は精神論だけになってしまうのである。

人材棚卸し

さて、人事制度の転換を実行するために事前に行わなければならないのが、現在のわが社の人材の状況を把握する作業、つまり人材棚卸しである。

人材棚卸しを行うのに不可欠な道具が、「ヒューマン・インベントリー・ファイル」と呼ばれる、従業者の能力と経験とをひとりごとに記録した文書の綴りである。このファイルを年に1、2回つくり直すことが、エデュケーターの必須任務のひとつである。

組織開発担当がエデュケーターとして独立していない会社では、人事部長や総務部長がわが社の人事構成に関する決定をしていることが多い。けれども、実際にそういう人々が判っているのは、それぞれの従業者に給料をいくら払っているかと家族構成と学歴くらいだ。これでは教育対策の役には立たないのである。そこで、エデュケーターがこのヒューマン・インベントリー・ファイルをつくり直すことで、わが社の人材の現状がどのように偏っているのか、どう修正していくべきかを考案するのである。

ここで必要となる情報は、個人ごとの職歴や経験、資格、能力、職能適性検査の評価、受けた特別な理論体系講習（セミナーの種類）、転居を伴う配転が可能かどうか、これま

でに果たし得た職務内容、提出した報告書、上司によるカウンセリングの記録、プロジェクト・チームへの参加歴などである。日本の企業では、こうした大事な個人的な経歴記録がほとんど無いのが実情だと知ってほしい。

この個人別の職務記録を用いて、人材の白紙再評価を行うのだ。チェーンストア経営システムでは従業者が大勢いる上に、本部と現場とが地理上と階層上も離れているから、組織の中に埋もれた人材を発掘するのは大変重要な作業なのだ。

たとえば、職場の上司に愚鈍だとみなされているが、実はこつこつと完全作業をマスターすることに取り組んでいる人物や、一度大きなミスをして左遷組となったがそこで地道な自己育成努力をして高い問題解決力を持ちえた人物について、エデュケーターがその経過と実情を掴んでいなくてはならないのである。

従って、これまでの各従業者の評価記録内容にかかわらず、改めて個人ごとの能力開発の現状を客観的に把握し、それを全社的に点検する制度を、いろいろ設けることも必須なのだ。

要員計画

未来組織図と現状の人材棚卸しとの次に、あるべき人事構成の実現に向けた人材育成計画を立てねばならない。

そこでの重要な第1点は、企業内の人材からまず育成することである。「うちには人材がいない」というのが、たいていのトップの言い分である。しかし、その知らないところに本当は自己育成をし続けている人物がいるかもしれないのだ。人材棚卸しをしない限り、そう判断するのは非道徳的ではないか。

人材育成第2の急所は、少数者を選抜して集中的に教育することだ。まずはその少数精鋭のグループを、新プロジェクトを担える幹部として20年間はかけて育てる長期計画をつくるのである。

そのためには、四年制大卒主力の新卒多数採用を毎年続けていなければならない。実は、その積極採用が私が主導したビッグストアづくりの原動力のひとつであったのだ。ペガサスクラブ加盟企業の多くが急成長を遂げたのは、各社のエデュケーターが、「あなたが40歳代に社会貢献できるようにわが社はこれだけの教育をします」と口説いて、優秀な

学生の大量定期採用と多額の直接教育費投入を続けたからである。

これと並行すべき対策が、毎年活発なスカウト活動を繰り返すことだ。10年経てば売上高規模を10倍にするというのではなく、100倍にするのがチェーンストア経営である。それ故、スカウトと中途採用をし続けなければ急速な規模拡大はありえないのだ。

新卒採用だけでは、絶対数がまったく足りないからである。

しかし、優秀な人ほど簡単には見つからないし口説き落としにくい。しかも、普通の手段では集まらない人を特別に採りたいのだから、スカウトはもともと難しいことなのである。だからこそ、エデュケーターはそのために毎月何人と会って話をしているのか、その回数と費やした時間の長さが問われるのだ。わが社の将来を担う人を探し当てるのだから、社長だけや採用担当課長に任せるというわけにはいかないのである。

能力の6要素

チェーンストアとしての要員計画と取り組む際に、配慮すべき条件がある。それは能

第 5 章　組織の開発

力を構成する要素は次の 6 種類があり、それぞれ育成方法が異なるという点だ。

① 教養——広範囲の知識があることである。数字や英語、学術語、あるいは漢字の熟語がたくさん出てくると、それだけでもう読んだり聞いたりすることに拒否反応を起こす人がいる。これを教養レベルが低いという。教養とは、どのような知識でも恐がらず理解する方向に向けて挑戦できる力である。だから、学歴とは関係ないが、ふだんの学習経験つまり学力には直接関係がある。読書を主な学習手段とするが、ビジネス書とは限らない、文学、いや推理小説でもペダンチック（衒学的(げんがく)）な翻訳物なら、普段使える熟語の数、つまり語彙(ごい)を増やすには有効だろう。

② 知識——ビジネス上の技術知識だから、改めての体系的な勉強が必要である。たくさんあるいは深く体験し知っていることよりも、必要に応じて直ちに関連事項を、行動原則として頭から引き出せることだ。つまり理論体系として学び直さねばならないということなのである。

③ 経験——19 世紀以来、行政官吏や軍人の世界では、リーダーたるものは 30 年間（その間 1 年半ごと計 20 回の配転）の実務経験をさせることが教育体系として確立している。これについては、後で述べよう。

④ リーダーシップ（権威）——人々から（部下だけでなく、同僚、先輩、上司からも）

敬服される状態をいう。これは上司からの権限委譲と違って、本人が何十年間にわたって営々と築きあげるもので、チェーンストアの教育スタッフが関与できない分野である。

⑤意欲——いつも大声で「ガンバるぞ」と怒鳴ることではなくて、自身の45歳以降の人生を、この上なく貴重な形で過ごせるように、20歳代からそれまでの約25年間、たゆまず自己育成を継続して、世の中に貢献できる技術者への努力ができる人のことを指している。人生を本当にかけがえのないものとして大事にしようとする人生観の持ち主のことを意欲のある人という。

しかし最後の、⑥素質は、本人にはどうしようもないように思えるもので、生まれつきの性格・行動様式という要素である。

職能適性検査

この素質は生まれつきのもので、ひとりごとにさまざまな種類がある。
AさんはXには向くがYには向かないし、Bさんはその逆だったりする。しかし、そ

第5章　組織の開発

の生まれつきの適性から断定的に職能や職位を決めつけると、一生同じ職務と取り組むハメとなる。これは間違いである。

いま、日本の書店では「職業適性検査問題・解答集」がたくさん売られている。就職希望者の多くははこれを買い、準備してから入社試験を受ける。そうして配置される職場は、その後おそらく一生不変となるだろう。経理、セールスマン、ITオペレーターなどを生涯続けることになるのだ。それは入社後、教育での改造・進歩を期待しない労務対策である。

こうした無配転事例がわが国に多いが、これは「適"性"配置」をモットーとするからだ。これに対してチェーンストアは活発に配転をすることによって、適性としては向かない職能、職位、職務もこなせるように育成しようとする。これを「適"正"配置」と表現するのだ。

この場合、組織開発担当者は候補者のひとりごとの適性を把握して、配転にはこの検査結果をフルに活用するのだ。この仕事は本人の素質に向く、向かないと予め知らせておいて、それぞれの職務をマスターする際の心構えとさせる。そのあと、素質上向かない職能をもこなせる能力を特別に自己育成させるのである。

もともと、特定の職種だけに熟練に自己育成しても、システムやキマリを新しく築き上げていく

243

クリエイティブな仕事は不可能である。ある職務に関するキマリをつくるには他の職務との関連が、必ず問題になるからである。

創造的な職務を遂行するには、不得手な職能や職位も敢えて挑戦して、広範囲な職場経験を持つことこそ、チェーンストア経営が積み重ねてきた「エグゼクティブ・キャリア・ディブロプメント・プログラム」なのだ。

ところが、日本で汎用化されている「適性検査」は体験し熟練するほどそのつど得点が変わっていく。すなわち、「素質検査」ではないわけだ。そこで、同じ人がたとえ何度「適性検査」を受けたとしても、まったく同じ結果が出続ける検査方法が必要となる。

それが、私どもでやっている「日本リテイリングセンター方式職能適性検査」なのだ。

この方式は、1970年代にすでに欧米の主要大企業で一番合理的だと証明されている検査方式を中心に、さらに独自に開発した方法を用いている。

私どもは、ペガサスクラブの会員企業のトップおよびエデュケーターに対し、この適性検査を従業者、特に30歳以上あるいは在社3年以上の人々すべてに対して行うように強く勧めている。これを行うことを、白紙再評価による人材棚卸しと、わが社の要員計画の決め手とするためである。

これまで約40年間にのべ約10万人が受検し、日本の多くのチェーンストア志向企業の

244

組織開発に直接活用されてきた。急速成長企業とは、短期に要員候補を揃えられた企業のことだが、そのための決め手のひとつがこの検査範囲の拡大と定期化であったことは、意外に知られていないことなのかもしれない。

日本リテイリングセンターの適性検査については、巻末資料を参照していただきたい。

III 配転計画

ダイナミック・マネジメント

人材育成の決め手のひとつは配転（配置転換）である。配転は組織開発で最も効果の上がる対策なのだ。

チェーンストア経営システムの特徴は、階層の上の人ほど異なる種類の（職能や職位の異なる）実務経験を広く積ませる制度である。配転によって異なる立場から見た問題点と対策とがわかる人が多数育ち、はじめて組織管理が軌道に乗りだすのだ。逆に、10年間も同じ職務にしか取り組んでいない視野が狭い人が多くて、そんな人物たちに囲まれていれば、どんなにトップが頭脳明晰でも組織全体にとって適切な決定が行われなくなるのである。

かつて、アメリカのあるチェーンストアの本部を訪ねたとき、組織開発担当者に「組織図をくれ」と頼んだら、相手は「新しく印刷するから待ってくれ」といった。そこで、「いま使っているものを見せてくれ」と言ったら、「常時配転が行われていて職位と担当者の名前が変わるから、あらかじめ印刷したものはないのだ」ということだった。

そこで判ったことは、チェーンストア組織では配転が毎週少人数ずつ行われていて、組織図が常に変わり続けているということなのだ。日本のように1月か3月にいっせい配転するのではないのである。

このようなチェーンストアらしい常時配転のしくみを、ダイナミック・マネジメントとわざわざ表現するのである。

「ダイナミック」とは、組織内にある職位名とその担当者が何年も固定しないという意味である。経験法則では、ひとりの人が同じ職位を続ける期間の原則が1年半、例外的に事情があって長い場合でも6年以内。40歳以下の人なら3年以内でなくてはならないとされている。その期間が過ぎれば、必ず次の別の職位に就かせるのである。

トップのまわりにスペシャリスト集団を揃えるには30年以上の期間がかかるとしても、まあまあの人を育てるのであれば5カ年計画で準備できる。とりあえずというならば3年間だ。1年半ごとに配転せよというのは、ある人を3年後どの職位で活躍させるかを

考え、そのために必要な経験を2回の配転で習得させるように計画するということである。この早い配転を階層の高い人、特に40歳以降の人について職能間で確実に実行しなければいけない。しかし、日本の企業の実態はまったく逆で、上の階層に上るほど配転が行われなくなることが多いのだ。

配転の原則

これが、教育配転というチェーンストアのジョブ・ローテーションの原則だ。人を育てることで競争に勝つという考え方である。

だが、日本の流通業で配転が行われる理由は、やりくり配転か季節ニーズ配転かではないだろうか。しかも、春や秋になると同日に、大勢が一斉に配転するように辞令を発行する。この方式は、絶対に組織開発ではやってはいけないのである。

なぜダメなのかを見るために、図表5－③を示した。

ここで、（イ）と（ロ）と（ハ）は、上司と部下の関係になっている。仮にそれぞれを、

第5章 組織の開発

図表5-③ 配転の手順

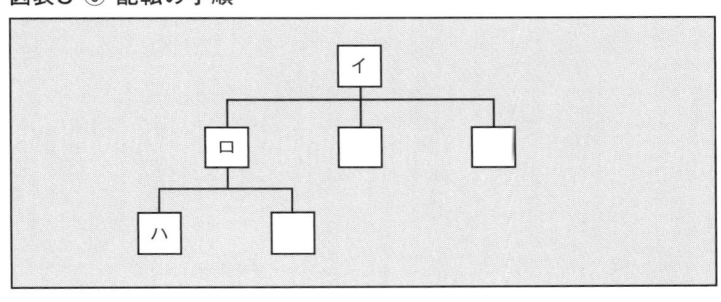

```
        [イ]
     ┌───┼───┐
    [ロ]  □   □
   ┌─┴─┐
  [ハ]  □
```

エリア・マネジャー、ストア・マネジャー、部門マネジャーと仮定して考えよう。すると、(ロ) の店長が配転で代わるとき、(イ) と (ハ) とは同時には配転できないと誰もが思う。新任者は、その職務に慣れた人の上下からのサポートが必要だからである。

だとすれば少人数ずつ、毎週毎月必ず配転するという計画が必要である。チェーンストアとして目標とする組織図が出来上がってくれば、上位階層ほど部下の人数が多くなるのだから、ますます常時少人数ずつの配転をせざるをえないのだ。

図の場合、正しい配転手順は次の通りである。(ロ) の人が新任で来たあと、3カ月から半年後に (イ) の人が異動する。そして、またその3カ月後か半年後に (ハ) の人を代え、次の3カ月か半年後に (ロ) の人がまた別の職位に任命される。このようにすれば、1年半ごとの配転で業務に支障なく、活発なジョブ・ローテーションが可能なのである。

配転に対する障害

これとは別に、実際に活発な配転に対し従業者の反対論が起こる理由がある。そのひとつは、社員の家族関係によるものである。

地方で長男ばかり雇っていると、「親が病気で、遠方には勤められない」といって転居を伴う配転が敬遠される。あるいは、配偶者が仕事を持っているために赴任に抵抗することがしばしば起こる。

だから、常日頃から社内報などで、引っ越し配転をすればするほど能力が身につき、収入額が増え、出世も早まるのだと、活発に広報しておかなければならない。社内報で定期的にそれを特集し、他の社員の配転体験談を入れるようにしてそのようなムードづくりを行うこともまた、エデュケーターの任務だ。

さらに、配転の障害となる大問題として警戒すべきことは、本部にいる従業者が店舗や物流・加工センターに行くことを嫌がる社内風土である。

アメリカのチェーンストアでは「現場に戻る」といういい方をして、スタッフやラインスタッフであっても、定期的に店やセンターといった現場に配転されることが原則となっている。現場で生まれている問題が何かを実際に知らなければ、本部にいても改革や政

第5章　組織の開発

策の立案ができなくなるからである。

しかし、日本では「現場に飛ばされる」、逆に「本部に戻る」、「本部に栄転する」と、本部を基点に表現することが多い。これは、一度本部に来た人が店舗やセンターに行くことを左遷だと考える習慣を表している。これも、従業者への日々の啓発の内容が間違っているのだ。チェーンストアでは本部勤務は、現場からある期間だけ「出向」しているのだと考えるべきなのである。

こういう間違った常識が意外に障害になることが少なくない。だから、配転計画の立て方には慎重でなければならない。これだけでもエデュケーターが取り組むべき課題は多いのだといえる。

左遷配転

ここで、どのような時に各従業者を配転すべきかを説明しよう。

第1に、信賞必罰が行われるときである。個人の成果によって職位が変わるという組

織管理原則が守られるべきである。責任や義務を１００％果たした人にはより難易度が高く、そのぶん得られる報酬も大きい職位を与える。しかし、失敗した人の処遇、つまり左遷のやり方も重要である。

いまや流通業の上場企業トップの大半はサラリーマン出身で、創業者一族ではない。その人たちがそれまでにどのような社歴を歩んできたか調べると、実は少なくとも一度は左遷期間のあった人であることが多い。左遷先はその会社の恥部、弱点であり、結果的にそこでの経験が、その人の能力開発において重要だったのである。

私が働いていた読売新聞社では、記者は次の配転先によってそれが左遷なのか昇進なのか、誰の目にもはっきりしていた。そして、左遷だとわかると同僚や上司がその人の周りに集まり、励まし会を行うのである。慰めではなく、お前のここが失敗だった、こうすべきだったといろいろと助言を与えるわけだ。そうやってお互いに助け合い、能力を伸ばしていくという企業文化が当時の読売新聞社にはあったのである。

ミスをしたスペシャリストの配転では、それが左遷であることを本人に明確に理解させなければいけない。同時に必ず、どのような努力をすれば再びチャンスが与えられるのかを伝えなくてはならないのである。そしてその後も、エデュケーターはそうした左遷組の人物のことを、ひとりごとに特別に気にかけておく必要がある。

流通企業では一度ミスをすると二度とチャンスを与えられないことが多い。これは復帰するしくみがないのが原因である。本来は左遷もまた配転教育の一環とすべきなのである。

新入社員の場合

第2に、配転の時期として配慮が必要なのが、新人とスカウト組についてである。新入社員や20歳代の従業者を本部に配転することはなるべく避けたい。他方、初歩的作業を身につけさせる前に現場に配置することも避けたい。最初は訓練センターに集めて、ビジネスの基本常識と初歩作業の実務訓練とを行うべきである。店長が現場で教えるべきことは基礎作業であって、初歩的な勤務常識と初歩作業ではないのだ。

当然、訓練センターで指導をするのはエデュケーターでもオペレーションライン・マネジャーでもなく、トレーナーというサービス職能の別の職位である。両者は能力も、階層も、職務も、仕事をする相手も違うのだから、混同してはならない。

スカウトと中途採用組の場合

流通業でもっとも扱い方が問題なのは、スカウトや中途採用で入社した人物の扱い方である。

多くの会社では、スカウトや中途採用後すぐに重要な職位が与えられてしまう。これは組織開発上、大間違いである。本来、入社してからの半年から1年半の間は無任所であるべきだ。強いていえば、見習いなのである。人によって1カ月あるいは3カ月、半年間ごとに異なる職位や職務という職場経験をさせて、周りがその人の活躍を期待できるようにするべきなのである。

報酬額はこれと別に約束してもいい。ただし、給料が他の人よりも高い場合は、ふつう3年かかるところを1年間で、あるいは3カ月間でマスターしろと要請すべきである。つまり、他の人が3種の職位を経験して4年半で身につけた能力を、1年半で習得させるといった方式である。それが終わるまでは相手が何々部長というポストを望んでも、「候補」だと伝えればいい。

スカウトは、わが社の人材にはない能力を持っているために採用したのだろうから、ひとりごとに力を発揮してもらいたい職位があるはずだ。しかし、そこに配置する前に、

第5章 組織の開発

候補生として十分な職務体験期間を用意して、わが社の問題点と悪しき慣習について原因分析をさせ、それらの対策案を応急処置と制度対策とに分けて文書で提出させるべきである。そうすれば、わが社での職歴がなくとも実力が発揮できるはずだ。その成果を見てカウンセリングを繰り返しながら、その人にとって適材適所を見極めていくべきである。

もともとそういう準備期間がなく、突然重要な職位に配属される人は、チェーンストアではむしろ気の毒である。チェーンストア経営の原則と新しい会社の特性（企業文化）とを熟知しないまま、改革案を出すことはできないのだ。しかも、慣れないうちは稟議や他の職位への協力要請の手続きを知らないから、本当に斬新な改善案を出すことはできないはずだ。それを強引にやろうとすれば、同僚と対立し孤立してしまう。その状態で早く能力を発揮しろと期待しても不可能なのである。

だから、その人が今後活躍できるようにするには、エデュケーターがその準備期間に何を経験させるべきかを慎重に決めておかねばならないのだ。配転によって経験を十分に蓄積をさせたあと、その人に任せるべき新しい職務が期待できるのである。

プロジェクト・チーム

第3に、特別な配転が必要なのは、プロジェクト・チームを編成する場合である。プロジェクト・チームとは、特定の政策課題解決のために一定期間だけ、異なる部課、店舗、センターなどからひとりごとに新しく招集される集団のことである。これは、取締役と関係部署の部・室長やマネジャー級が集まってつくるプロジェクト委員会の委員と、社内の30歳代から40歳代半ばまでの精鋭候補を集めたタスクフォースとで構成される。それぞれの活動内容と人材の条件とは図表5─④を参照すればわかるはずだ。

エデュケーターは、プロジェクト・チーム結成ごとに必要な人材の臨時配転を行う。

ただし、プロジェクト委員会のメンバーのうち専任者は幹事のみであって、その人は半年から1年の期間中、トップ直轄のラインスタッフになる。

一方、タスクフォースは調査や実験を人海戦術的に行って、その結果を委員会に提出するためだけに、1回あたり半日から4週間にわたって臨時に動員されるものである。メンバーは通常の職務から離れ、その期間だけタスクフォースに専念することになる。通常の職務に追加して兼務となるのではない。

表の最後に触れている改革中核サークルは、このタスクフォース要員の候補者たちの

図表5-④ プロジェクトチームと改革中核サークル

種類	定義	編成	期間	急所
プロジェクト委員会	関係幹部による企画(計画と結果)検討委員会	●長は取締役 ●メンバーは部・室・課長級で兼任職 ●幹事(事務局長)=ライン・スタッフに属して専任 ●幹事は後日そのシステム実施の責任者となる ●辞令必要	半年間 〜 1年間	●幹事がタスク・フォースを動員して調査と実験を行い、あるべき形を提案 ●全委員がそれぞれ立場ごとに助言と提案をする ●決まった後は、委員が社内のネゴシエーション役を担当
タスクフォース	●短期・集中型の人海戦術的実行部隊 ●プロジェクト委員会の下請機関 ●観察、分析、判断屋 ●調査と実験屋	●長はプロジェクト委員会の幹事 ●職務ごとに社内でベストのメンバー ●普通は改革中核サークルから選抜 ●全員専任 ●出張辞令必要	●1日型 ◎2日間型 ◎3日間型 ●1週間型	●同一人物が何回も呼び出される ●徹夜でもやる ●旅費・食費・泊費・コピー代・通信費を惜しまない
改革中核サークル	●理論武装のための自主的研究会 ●システム改革の地ならし活動体 ◇QCサークル(全員参加型で職場環境改善研究会)とはまったく違うもの	●27〜36歳の間の精鋭候補 ●職場横断的研究会(QCサークルは同一職場内)	会合は月に1〜2回 (1)読書会 (2)セミナー報告とその討論 (3)休日利用のストア・コンパリゾン (4)タスクフォースへの参加 (5)同報告・討論会	●教育スタッフが有形無形の援助をする ●事実測定と事情の確定と提案とができること

ことだ。

30歳代主力のスペシャリスト候補の精鋭が特別に集まり、常時先端技術やリストラの方法について理論学習や討論で理論武装をしているメンバーだ。職務と無関係に、自発的に集う特別研究会サークルといってもよい。参加者は通常、ゾーンごとに月1回程この会を行うのである。

エデュケーターは、こうしたサークル活動を非公式に支援し、常にそのメンバーの動向を観察していなければならない。その中から特に優秀な提案や、観察・分析・判断レポートを作成しておくのだ。その人々がタスクフォースの候補であり、そこから将来の大幹部候補が生れてくると考えるのである。

たとえば、その人物はタスクフォースの活動中睡眠時間を削り、食事の時間をずらしてでも、目的達成のために仕事ができるか、重要な任務が与えられたときに正面から科学的に取り組めるかを、エデュケーターは直接確かめねばならない。

Ⅳ　教育システムの原則

教育ニーズをつきつめる

多くの会社では訓練研修施設があり、そこには専任の訓練担当者が配置されている。だが、実際にそこで行われているのは、新人研修か現場の初級クラスの技能訓練レベルに留まっている例が大部分である。

会社案内の上でいくら教育訓練計画を自慢していても、そのほとんどは入社直後の数年、長くとも20歳代後半までのものである。しかし、チェーンストア経営でスペシャリストになるには15年間以上、普通20年間の教育計画が必要なのである。したがって、本当にチェーンストアの職能別、職位別の組織分業体制を築くためには、特に30歳代と40歳代の選抜者に対する教育計画が決め手なのだ。だから、本来は階層の上の方の経験が

深い人物ほど、より多くの教育予算額が割り当てられて、特別教育を受ける機会が多く与えられる制度が必要なのである。

そこで、エデュケーターはまずわが社の40歳代と50歳代の幹部が、数字と論理とを用いて科学的に現状分析ができるのか、さらにその対策を判断することができるのかと検討するべきだ。もしもそれが十分にできそうもなければ、ただちに彼らベテラン層に対して、まずその自己育成方法についての学習機会を設けなければならない。これは新入社員や20歳代対策よりも先決の課題なのである。

次に、30歳代以上の人に与えるべき知識は、まずチェーンストアの原則についての体系的知識と、時流を理解するための自店と他店とのストアコンパリゾン手順、つまりわが社の弱点を認識するための現場調査の手法である。

20歳代の教育対策はそのあとに考えればよいことであり、むしろこの人たちには理論よりも綿密な経験教育、つまりOJTを優先するべきだ。ところが、社内でも社外でも、セミナーには20歳代の従業員をまず参加させたがる企業が多い。一見意欲的で頼もしく見えるためであろう。

しかし、チェーンストアの経験法則を学ぶには、その教育を受ける人自身が、実際に職務遂行上困っていて改善の手がかりを知りたいと思っているときに、情報を与えられ

ることが効果的なのである。だから、仕事上の決定権がまったくない20歳代に改善対策を知識として与えても、まったく効果がないのだ。そのため、私どもが開くペガサスセミナーでは20歳代前半にはほとんど受講資格がないのである。

資格試験制度

個人別の能力開発状況は、3〜5年間ごとの社内の各種資格試験によって判断する。ワーカーの場合、ひとりごとに、まずその人が担える義務の種類、つまり完全作業ができる作業マニュアルの種類が何かわからなければならない。その人が新しい訓練を終え試験に合格すれば、その能力を認め新しい職務が割り当てられるようにする、という明確な制度のあることが前提である。

しかし現実には、各従業者の受けた教育の種類が記載された記録すら職場にはないようである。

スペシャリストについての能力評価の基本条件は、定期的に受験できる資格試験を通

過ごしたときのみ認める。3〜5年に1度受けることになるこの資格試験は、いずれも難関としておくべきである。誰もが学生の頃は、3年に1度の入学試験に挑んできたはずである。どんなに真面目な人でも、5〜10年という長い期間ごとに難関突破の機会が与えられても、集中力がそれほどは持続できないからだ。逆に、1度ミスを犯して左遷された人でも、3年間ごとの制度でならまた再起しやすいというわけだ。

この社内資格試験の受験機会は、すべての人に差別なく与えられるべきである。エデュケーターの役目は、そのための教材や情報の提供を社内報などで公示し、学習気運を醸成することである。しかし、試験後は一部の合格者とその他大勢の不合格者との間で、教育機会や配転について扱い方をはっきりと区別することがより大事である。

トレーニー

第2章で触れたトレーニーについて、もう一度説明しよう（図表5—⑤）。

40歳代前半にスペシャリストとして登用される前に必要なのが、トレーニーとしての

図表5-⑤ トレーニーの条件

1. 入社5〜10年後にトレーニー資格試験を合格したものに限る
   （通常、合格率は4〜10人に1人とする）
2. 候補者が数多く準備される
3. 一定の順序で現場の全職務、全職種を配転
4. 課題は自ら発見し（観察）、その分析・判断・実験結果レポートを出し続ける（アメリカのチェーンストアでは、年間50本×10年間）
5. そのレポートでどれだけ提案ができたかで評価を受ける
6. 原則と標準数字を丸暗記する
7. プラン（プロジェクトからプロセデュア、プログラム、スケジューリング）が作れる
8. プライベートな時間を、毎日・毎週未来のために活用する
9. はじめての部下はひとり
10. リーダーシップがある（敬服されている）
11. 上司の職務のすべてを代行できるようになることが最終目標

教育期間である。スペシャリストを目指す従業者は、30歳前後に第1の難関としてトレーニー資格試験に挑み、合格後10年間ほどのトレーニー特別訓練を経たのちに、その次の最大難関、スペシャリスト登用試験を受験できるのである。

トレーニーとして選抜されると他のワーカーと異なり、調査と実験との状況と結果について、毎月1、2回のレポート提出が任務として加わる。このレポートは「観察」「分析」「判断」「実験」とはっきりと区別して報告できなければならない。一方、上司のスペシャリストとしての権限の一部移譲を受け、スペシャリストとして職務遂行をするために必要なプランやマネジといった能力の一部を体験するのである。

次に、エキスパートとしての能力を身につけるのに、最も重要なのは経験である。図表5─⑥には、トレーニー選抜とスペシャリスト資格試験の前後に分けて、それぞれの段階で習得すべき経験項目の例を挙げてある。

スペシャリスト候補の人数が社内に増えてくると、このリストにある現場経験のいずれかを欠いた人が増えてくる。だから、エデュケーターは年に1回は、教育対象者に経験した職務項目を自己申告させ、不足を埋めるチャンスを与えるという人材棚卸を行う必要があるのだ。

第5章　組織の開発

図表5-⑥　経験教育での職務（遂行能力水準）単元と順序

A　初歩＜トレーニングセンターで訓練＞
①勤務の条件（届出と社内挨拶と身だしなみ）
②伝票
③運搬（積む、おろすを含む）
④整理整頓
⑤陳列整理
⑥定型陳列
⑦値付け（Codeつけ）
⑧プリパッケージ
⑨計量
⑩設備手入れ
⑪クリンリネス
⑫作表
⑬陳列補充（先入れ先出し）
⑭簡単な事務

B　基礎＜店舗現場で訓練＞
①実地棚卸
②検数・検量（品名確認）
③補充の流れ（手順）
④変化陳列（エンド陳列を含む）
⑤設備保全
⑥不良不適品、品切れ発見
⑦売場案内
⑧チェッカー
⑨サッカー（バックボーイ）
⑩他店調査（ストアコンパリゾン）
　　　　　　　　　　＜トレーニー資格試験＞

C　初級技術
①検質
②配分量起案 ┐
③発注量起案 ┘ ── 数量管理
④ロス管理
⑤在庫高（商品回転率）管理
⑥販売実験の記録
⑦報告書

D　中級技術
①売価決定
②荒利益高管理
③基本的品質管理（原則的鮮度管理）
④保全・安全・衛生
⑤プランニング（特にスケジューリングづくり）
⑥文書管理
⑦返品処理
　　　　　　　　　　＜スペシャリスト資格試験＞

E　上級技術＝Assistant Mgr.（Dから）
①部下の考査と教育
②作業割り当てと稼働計画
③コスト・コントロール（部門別管理の初歩）
④店内での販売・足進
⑤勤務管理
⑥カウンセリング
⑦事務管理
⑧競争対策

F　高級技術＝Mgr.
①顧客管理（地或HRとPRと苦情客処理）
②利益管理（部門別管理）
③作業管理（稼働計画と作業割り当て）
④人事管理（パートタイマーの採用）
⑤労務管理（労働条件）
⑥制度管理（マニュアルの解釈）
⑦システム管理（観察・分析・判断と本部交渉）
⑧以上の制度起案

G　初級技能（Bから）
①修理とその受注
②スペシャル・ディスプレイ
③保安
④初期
⑤複雑加工

H　熟練技能（Dから）＝Head
①サジェッション・セールス
②（より高度な）コンサルティング・セールス
③採寸
④修理（見積・含む）
⑤荒利益率（商品ロスと売価変更）管理
⑥品質管理
⑦作業方法のモデル
⑧トータル・コーディネーションの
　プレゼンテーション

（Mgr.=マネジャー、Head=ヘッド、HR=ヒューマン・リレーションズ）

教育システムづくり手順

図表5—⑦は、チェーンストアの教育システムとしてスタッフが取り組むべき制度を書きだしたものである。これらの項目が無視されている企業では、勉強しろと従業員に口先でいくらいい続けていても、本人たちはやりようがないのである。

会社側がこれだけの制度を準備していれば、従業者は自身で自己育成に挑戦してみようと考える。努力が酬われる会社として希望を持って取り組んでくれるはずである。

第5章　組織の開発

図表5-⑦　教育システムの必須制度

①教材提供制度(作業マニュアルを含む)
②資格試験制度(1)社員、(2)トレイニー、(3)スペシャリスト
③トレイニー制度
④レポート・コンクール制度(全員参加可能型のみ)
⑤自発的研究会の助成制度
⑥社内報定期発行制度
⑦通信教育制度(わが社独自に編集する時のみ)
⑧信賞必罰制度
⑨教育費重点配分制度
　(各部への配分ではなくて、全社一本化活用のみ)
⑩大学・専修学校の履修または派遣助成制度(奨学制度)
⑪セミナーへの派遣制度
⑫見学・視察・実習派遣制度
⑬同期生合宿
⑭システム改革中核サークルづくり

V 組織開発担当者の任務

社内報の使い方

すでに触れたように、エデュケーターが組織を変更するための情報発信で重要な道具が、社内報である。これが、日本の流通業では有効に使われていない。しかも、そのことをトップやスタッフは組織の欠陥問題だとは考えていないようだ。

流通業各社の社内報を見ると、必ず冒頭に掲載されているのが社長の訓示である。他に誌面に出てくるテーマは、新店お知らせと抽象的で具体化しようのない新政策スローガン、あとは家族の写真だ。従業者側が本当に読みたいと思う情報は何も載っていないのである。

社内報は本来、わが社の目標と軌道とを一般従業者にわかりやすく説明し、よき動機

づけをするための重要な道具として使うべきである。当然、編集責任はエデュケーターが持たなくてはならないものである。

エデュケーターは社内報を組織開発の大事な、数少ない手段だと認識しなければならない。そういう前提に立てば、1ページごとに何を伝えればよいか決まってくる。わが社の未来組織図（職位ごとの必要人数）も、自己育成のための詳しい方法も、資格試験の受験条件も、いま大事な基礎知識や用語の解説も載せなければならないはずだ。

他に、社外セミナー受講者の報告書（感想文ではない）や、他社他店の観察・分析・判断レポートの優秀例、ストア・コンパリゾンのための材料（業界トップ企業の経営効率数値や見学推奨先）、現在わが社が行っている改革の意図や進行状況、インダストリアル・エンジニアリング的調査の報告などに、ページがたくさん必要になるのである。

前に述べた、家族が知りたい情報を上手に伝えることも不可欠だ。だからこそ、職場に掲示したり、欲しい人だけ持ち帰るやり方ではいけない。

必須能力

このように、組織開発を担当するスタッフは、会社の10年後、20年後のために毎日することがどっさりとあるはずだ。人事部長が労務管理と採用と給与決定と同時に、ごちゃまぜにしてできる仕事ではないことを理解してほしい。職位として独立し他の職務から完全に区別しなければ、長期的な組織開発は一歩も進むはずがないのである。

だが、実際には、組織開発を担当する人自身が何をするべきか知らないし、そもそも不勉強である。だから、自分が誰よりも先に、より詳しく理論教育を受けるべきだということを、トップに理解させることが先決なのだ。アメリカのチェーンストアの実物を見たことがなくて、世界とわが国との時流がわからないというのでは、将来の競争に勝つための本当の対策ができるはずがない。まずはエデュケーターが社内で頻繁に、そして時間を最も多くかけて、チェーンストアの競争と組織対策の原則とを学ぶべきである。

もちろん、組織開発担当者の職能は最近のスカウト組には務まらない。そして、会社で最も経験が広く深い人物でなくては話にならない。会社の将来にとって前向きではない状況が発生するたびに、トップに真っ向から遠慮なく意見ができる人である。

さらに、現在の組織図と未来組織図とを比べて、それをこれからの10年間にわたって

270

第5章 組織の開発

どのような軌道で変化させていくべきか、さらに50年後にわが社によき企業文化が残り、職務を通じて社会貢献ができる人材をたくさん輩出していられるようにする。それにはいま何について手を打つべきかと考えて、毎日ハードワークで職務遂行ができ、そういうことに無上の喜びを感じられる人でなくては、この役割は務まらないのである。

最後の図表5―⑧は、わが社が5年後、10年後、20年後と競争を勝ち抜き本格的チェーンストア組織を築きあげるために、エデュケーターが絶対に忘れてはならない任務と心得とについて述べたものだ。このエデュケーターの役割を、トップと他のスタッフが理解し支えあうことが、組織開発の真の決め手なのである。

図表5-⑧ 組織開発担当者の任務

1. 方針＝2020年につながる組織開発対策を最優先にすること

2. 原則
　(1) 5年後、10年後のあり方を全員に明示できるようにすること
　(2) 教育対策優先の採用と配転ができるようにすること
　(3) 1人ごとに工場・挑戦の課題と方法とが理解できるような
　　　（教わる＋調べる＋体験する＋実験する＋質問することが可能な）
　　　仕組みをつくること

3. 絶えずマークしていること
　① 不公正や不平と不満のオピニオンリーダーとその内容と程度
　　　　　　　　　　　　〔潰すためでなくて、制度を改善するために〕
　② 意欲や提案や挑戦できるメンバー　　　〔サークルに入れるために〕
　③ 社内人脈と派閥系統がひき起こすマイナス現象の内情
　　　　　　　　　　　〔うまくいかない時の真の原因を知るために〕

4. 予算化

5. トップマネジメントに年ごとの新しい積極的提案ができること
　① へこたれないこと
　② くり返すこと
　③ 明瞭な理由づけをすること
　④ 現場で部分実験をしてから提案をすること
　⑤ 営業上の経営戦略軌道とチェーン化企業としての軌道とをまったく
　　同一にし続けること

6. 決め手
　A. 勉強不足の人が多いので、理論武装をペガサスクラブですること
　B. チェーンの実状を見ていない人が多いので、アメリカ視察をすること
　　　　　　　　　　　　　　　　　　　　　（×招待、×観光）

第6章 チェーンストアの労働環境の実態と改革手法

Ⅰ 労務管理の現状問題

職場環境の改革

　前章の組織開発の解説では、従業者ひとりひとりの能力を育成することが組織づくりにおける努力課題なのだと述べた。

　しかし、第1章で示したように人材育成の前提条件は、従業者がそこで働くことにやりがいが感じられ、将来にわたって生きがいを持ち続けられる状態になっていることである。つまり労務管理がよい状態で保たれていることなのだ。

　この点、日本の流通業の多くの職場は深刻な状況だといえる。精神的にも肉体的にも過酷な環境が改善されないまま、放置されているからだ。このままでは、従業者が「この会社で実直に働き続ければ、①そのつど客観的な評価が与えられ、②努力に見合った

第6章 チェーンストアの労働環境の実態と改革手法

報酬（賃金と教育）を得て、③将来社会貢献できる技術能力を身につけることができるという確信を持てないのである。

かつて、ある小売業経営者に「あなたの店には10歳代から20歳代の若い従業者しかいないのはなぜか」と聞くと、相手は「歳をとりあるいは家族が増えると、支払うべき給与額が高くなるし、肉体労働のレベルも下がるから、そんな奴にいられたら困る。だから、数年働かせたら自然と辞めるようにしているんだ」と、ノウハウを解説したことがあった。当時はこうした考えを当然として流通業の経営が行われていたのである。

我々が進めたビッグストアづくりの運動は、この流通業の職場ムードを真っ向から否定し、優れた人材の大量採用と長期間育成から経営改革に着手しようとしたものである。そのためには、ビッグストアづくりの第2段階としてのチェーンストア産業づくりというロマンを説得するだけでは不十分であった。人材募集の決め手は、他産業より多いひとりあたり教育投資額と、40歳代以降の平均給与額を世間並みかそれ以上にすることの約束だったのである。

しかしながら、今日でも流通業全体の労働条件は厳しい。依然として従業者がやりがいと生きがいとを十分に持ち続けられるものになっているとはいえない。そこでは有能な人材ほど酷使され、間もなく辞めていってしまう。そればかりか、法人として遵守し

なければならない労働関連法令上の義務違反さえ常時行われている。だから組織づくりの軌道を論じる以前に、わが社の悪質な部分を根絶することが先である。

違反行為の実態

日本の流通業で規模の違いに関わらず共通している根本問題は、労務管理上守らなくてはならない事項が、全幹部に対して教えられていないことである。

少なくとも部下を持つ管理職には、超過勤務や休日取得方法について、労働法規上の知識が最低限必要である。それにもかかわらず、資格試験の必須単元として出題されることがほとんどなかったのだ。そのために幹部級の人でも、労務管理と労働法規とについての知識がまったくなくて、本人たちの意志や道義的態度とは関係なく結果的に従業者の労働環境を低水準にしていることが多いのが実情なのだ。

流通業ではどこの会社も、行政官庁から同じような労働法規違反行為が指摘されている。たまたまいままであなたの会社で問題が発覚しなかったからといって、わが社に違

第6章 チェーンストアの労働環境の実態と改革手法

労働時間の実態

正しい改革軌道を理解するために、まず支払い賃金の根拠となる労働時間について説

労働基準監督署が2009年に行った定期監督について厚生労働省がまとめた資料によると、「小売業」では4933店に、「飲食店」では1769店に「違反あり」とされた。
その内訳をみると、
労働時間の記録、制度の不備（小売業46・5％、飲食店51・3％、以下同）
割増賃金の不払い（44・1％、43・4％）、
労働条件があいまいで明示されていない（26・4％、35・2％）
という事項について違反が多い。この傾向は毎年度改善が見られず、我々チェーンストア志向企業が解決すべき課題であり続けている。

反行為はないとはいえないはずだ。それが不適切な状態なのだと誰も知らないから、内部告発をする人さえいなかっただけなのかもしれない。

277

明しよう。

　ペガサスクラブでは、流通業の現場従業者が実際に何時間の超過勤務を行っているかを継続的に調査している。

　2008年3月までの5年間に店長級計985人の労働実態を集計した結果では、月80時間以上の残業を14％の人が行っており、さらにそのうち3％は100時間を超えていた。

　月間での超過勤務80時間が2～6ヵ月間続く場合、またはたとえ1ヵ月でも100時間を超える場合、その職場は労働基準署の摘発対象となる。また、過労死認定が司法で争われる場合は、これらの超過勤務時間数が裁判所の判断の目安にされるのである。

　こうした実情について、ふつうは本部の誰も知らないのだ。現場の従業者が何時間の超過勤務を行っているか、その実態はどの企業でも巧妙に隠されているからである。常時行われている統計調査も、現場管理職が改竄済みの勤怠管理用の勤務時間記録を基に集計したものだから、一層真実は見えにくいのだ。だから、現場では長時間の残業が常態化しているのではないかとまず疑ってみて、勤怠管理とは別の目的の抜きうち調査を行わなければ、過酷な職場の真の姿はわからないのである。

278

賃金計算方法の間違い

もうひとつの深刻な問題が、従業者に支払うべき賃金の計算方法である。

たとえば、休日出勤や超過勤務に対する割増金が正確には算出されず、その分の賃金不払いが起きてしまうという事例が後を絶たない。これは、労働基準法で定めた賃金支払い規定の違反行為である。

そればかりか、多くの会社では次に詳しく述べるように、払ってはいけないもの、払わなくていいものまで払っているという問題も発生している。だから、会社が意図的に違法行為を犯しているということよりも、幹部が従業者への賃金支払い方法について、やってはいけないこと（法律上のものと組織管理上のもの）が何かを知らないことに根本原因があるのだ。

支払い義務違反

図表6−①は、多くの会社で見られる、賃金支払い方法の間違い項目である。順番に説明しよう。

第1は、労働基準法で会社が従業者に支払わなくてはならないとされているのに、しばしば無視されているものである。

労働基準法では、1週40時間（1日8時間）を超える労働には、割増賃金の支払が義務づけられている。問題はその算出方法だ。

そもそも、実労働時間の始まりと終わりの時刻が正確に記録されていなければ、超過勤務手当の金額が適正に支払われることも不可能である。しかし、超過勤務手当が毎月同額で支払われていたり、開店時刻前の朝礼や清掃時間が含まれていなかったり、会社が正しく労働時間を記録しているのか疑わしいことが多いのである。

中でも、流通業に特徴的なのが、現場の「中休み」というものだ。これが店によって2時間から6時間の長い休憩になっていて、その分は労働時間としてみなされていない。だが、実はその人は店舗後方にいて、問い合わせの応対や事務作業などに追われているという状態が起こりやすいのである。それでは完全に業務から外れた状態とはいえず、

図表6-① 流通業の違反・不当・不正行為事例

A 払うべきなのに払っていない
① 超過勤務手当
② 深夜勤務手当
③ 管理職手当
④ 休日出勤手当
⑤ 年次有給手当
⑥ 特別有給休暇
⑦ 保険料・年金
⑧ パートタイマーへの同一賃金

B 払ってはいけないのに払っている"No Work, No Pay"
① 名目だけの同族への報酬
② 労働組合の光熱費、通信費、雑費
③ 勤務時間中の労働組合活動時間の賃金
④ 皆勤、住宅、地域などさまざまな名目の手当
⑤ (ボランティア活動など)休業中の賃金

C 不公正に払っている
① 能力別職務種類と関連付けられていない報酬
② フルタイマーとパートタイマーの差別

D 払わなくてよいのに払っている
① 生理休暇
② 欠勤と遅刻、早退時間への報酬
③ (会社側に原因がない場合の)休職期間補償
④ 年次有給休暇日数制度を超える分の長期休暇

労働時間に組み込まれないのは不当なのだ。

また、超過勤務分の割増賃金が、実質的にはまったく支払われていないという例も数多い。

私どもは、1996年から2008年までの間に開催した計15回のペガサスクラブ「ストアマネジメントセミナー」受講者のうち、各社で「管理職」とされている人々のべ1671名に対して調査を行った。すると、地区長やスーパーバイザーで管理職手当が5万円未満の人が32％、店長およびスーパーインテンデントだと46％にのぼる。部長・室長だと、半数の人々の管理職手当は8万円以下である。この額は、その人たちの残業・休日労働の実態と照らし合わせて、決して正当だとはいえないはずだ。

不当な支払い

第2の間違いは、払ってはいけないのに払っているものがあることである。

第3章で述べたように、「報酬とは職務を果たしたことへの対価」である限り、勤務実

態がないのに賃金が支払われることがあってはならない。ひとことでいえば、ノーワーク、ノーペイ (no work, no pay) の原則が守られなければいけないのだ。しかし、各社の賃金制度を調べると、組織分業上の職務を果たすことと関係がなく会社が支払っている賃金がある。

たとえば、実際には少しも勤務実態や功労がないのに、創業者の同族だからといって名目上の役員を務めており、その人に対して賃金が支払われている。創業者が身内に資産を残したいと考えるならば、自分がたくさん給料をもらって個人資産として分け与えるべきなのだ。

その他、労働組合が使う経費と、従業者の組合活動中の時間分の賃金は、本来会社が支払うべきものではない。これは労組弾圧を意味しないのだ。

また、この業界には各種手当として皆勤手当、住宅手当、地域手当、水作業手当などの名称のものが数多くあるが、これらは本来、基本給として支払うべきものである。

不公正な支払い

給与制度は職務給であるべきだという原則に立つと、支払われる給与額の違いが、果たした職務の内容に連動しているかどうかが大問題である。

日本の実態は、肉体年齢や社歴、性別に差がつけられていても、完全作業が可能な作業種類に応じて時給額が区別されているわけではないのである。

第3章で解説したように、チェーンストアらしい賃金制度では、（イ）というマニュアルを果たす人は時給何円の人であり、（ロ）だと何円だというように、異なる時給額が遂行能力別の作業種類ごとに決められるものだ。そうでなければ、本当に公正な賃金制度とはいえないからである。

これと関係するのが、フルタイマーとパートタイマーとの同一労働同一賃金の原則である。同じマニュアル種類の作業をする限り、雇用形態にかかわらず同じ額の時給が職務への対価として支払われるべきなのだ。当然にパートタイマーだからといって、福利厚生費、賞与、有給休暇、超過勤務手当が必要ないと考えるのもまったく間違いなのである。

さらに強調したいのが教育機会についてである。資格試験とそのための自己学習の機

会はパートタイマーにも公正に与えられなければならないのだ。しかし、多くの会社ではそれらの制度についてパートタイマーに何も説明できない状態なのである。

もうひとつの賃金制度の問題は、図表6―①の最後に挙げた、払わなくてよいはずなのに慣習上払い続けているというものである。

就業規則の認知状況

これら賃金などの労働条件について、労働基準法では就業規則と労働協約文書とは、誰もがいつでも自由に見られる状態でなければいけない。法規上、店舗など現場ごとにその設置が義務づけられているのだが、会社側が設置自体を怠っている場合や、あるいずでもそのありかを従業者に周知させていない事例が多い。

たとえば、ペガサスクラブのストアマネジメント・セミナーの参加者に対し、就業規則を初めて見たのはいつかを尋ねたところ、半数の人が入社後2週間以上あとになって見たと答え、3割の人はいつ見たのか覚えがないという。なにかのついでに、個人的に

見ろ、というのが実態であり、企業と個人の間の大切な約束ごとという扱いではないのだ。

掲示場所については、特定の人が持っていて誰もが自由に見られない、一部の人しかアクセスできないネットワーク上にある、など不適切な場合が少なくない。

一方、就業規則や労働協約文書が適切に公開されていたとしても、労働基準法が定める労基署（労働基準監督署）への届出がないものや、はじめから内容に不備があるものも多い。

Ⅱ 労働条件の改革方向

賃金体系改訂の進め方

未払い賃金があるということは違法であるばかりか、第1章で述べたように、従業者の生涯設計に対する企業の責任という企業道徳の欠如を意味しているものである。だからこそ、現状を前向きに是正していくためには、長期的な賃金体系の改革計画が必要である。

図表6—②はその手順と勘所とをまとめたものである。

図表6-② 賃金体系改訂の進め方
　　　　　－元来は長期経営計画のプロジェクトなのだが!－

1. 基本方針
　（1）中途半端な過渡的案はつくるな
　　　（不満と不信のタネとなる）
　（2）しかし一挙に全体系をつくるな
　　　（実務上使えないヘリクツルールとなってしまう）
　（3）実務・実体から論理や理由づけを導き出すこと
　　　（コトバの定義からスタートしないで、実例で1人ごとの報酬から互いの格差の原因をコトバで表現するための調査を行なうこと）

2. 評価の原則
　①「絶対評価」(特殊)と「相対評価」(バランス)とを組み合わせる
　②目標(数値)と手段(プロセス)を前提に評価する
　③ワーカーは作業マニュアル遂行技術水準(マニュアル番号)ごとの時給体制(社員でも)
　④社長など人幹部の個人的好みが一切入り込めない制度

〔"年齢給廃止" "能力・実力・業務給導入" "年俸制"はほとんど美辞麗句で内容はない〕

3. 付帯条件
　①新しい賃金体系への変更でも誰も減収なし(新しい体系による金額が、現在よりも少ない時は、実力がその額になるまで昇給なし)
　②配転と賃金額とは直接連動しないこと
　③休日買い上げを励行すること

人時生産性

もちろん、この課題について改革を始めるときに大きな壁として立ちはだかるのが、給与原資が少なすぎることである。賃金原資に関わる経営効率数値は労働生産性（ひとりあたり年間荒利益高）ないし人時生産性（ひとり1時間あたり荒利益高）であり、それぞれひとり（年労働時間2000時間）1000万円、または、1人時あたり5000円（店段階では6000円）突破が労基法をクリアーするための条件だ。この向上対策に取り組まなければ、企業経営を続けつつ従業者に公正な賃金を支払い続けることはできない。

それを踏まえて現状を知るには図表6—③を見てみよう。

この図表は、我々が現場従業員のべ3749人の実労働時間を調査し、店段階の人時生産性を業種・フォーマットごとに集計したものである。先に見た労働時間の実態と同じように、これも本部側が知っている数値よりもさらに厳しい現実を暴露しているはずだ。

その上で表の中身を見ると、流通業ではほとんどの企業が法的義務を果たせない低レベルにあることがわかる。全体では、約半数の店舗で2000円～4000円台である。

図表6-③ 店舗現場での人時生産性の実状　　太文字は最高頻度値を示す。単位：％

フォーマット	社数(社)	人数(人)	2000円未満	2000円未満	3000円未満	4000円未満	5000円未満	6000円未満	7000円未満	8000円未満	9000円未満	10000円未満	最高の人時生産性店舗における週平均労働時間
日本型スーパーストア	26	110		15	**33**	24	26	2					48
スーパーマーケット	307	897	2	24	**44**	19	7	2	1	1			43
生協	75	216	16	31	**37**	11	3	1	1				58
CvS	12	40	18	**73**	7	2							54
ハードグッズとHC	151	511	1	3	24	**38**	26	7	1				55
VS・DgS	115	309	1	8	26	**34**	23	5	1	1	1		58
総合DH	27	113		5	29	**40**	14	5	1				53
酒DH	10	24	21	**29**	17	**29**	4						57
女・子供服	40	129		9	22	19	**27**	12	8	1			50
紳士服	5	13			8	15	**31**	23	15		8		53
衣料スーパー	11	34		6	18	**29**	26	15	3	3			45
貴金属・宝石	7	18	6	6	**27**	11	21		11	6	6	6	48
家電	24	99		5	28	**36**	23	4	1			1	52
家具	31	136		2	8	8	15	8	15	9	10	**25**	55
文化品・趣味品	17	37	8	30	**35**	11	13	3					55
スポーツ	13	70		3	6	27	**37**	17	6	4			48
FS	191	608	7	**42**	36	11	3	1					61
旅館・ホテル	10	43	9	16	**28**	26	7	14					62
パチンコ	48	208				1	6	9	15	9	4	**56**	50
メガネ	5	10	20	**30**	**30**	20							51
美容院	5	10	10	**80**	10								52
写真館	4	23	4	13	13	**44**	17	9					48
カラオケ	2	5		**40**	**40**	20							47
クリーニング	2	5	**40**	**40**	20								44
計	1,185	3,479	4	19	**30**	22	13	4	2	1	1	4	

資料：平5年2月～20年3月の間のペガサスのストアマネジメントセミナー18本と作業システムセミナー8本の計26本への参加者による週間実働記録宿題からの集計3,749名分

註：CvS＝コンビニエンスストア、HC＝ホームセンター、VS＝バラエティストア、DgS＝ドラッグストア
　　DH＝ディスカウントハウス、FS＝フードサービス

給与原資として必要な人時生産性が6000円を超えている店は、わずか1割にとどまるのである。

こうしてみると、人時生産性を大幅に増やすことが必要なのだという理屈はわかったはずだ。さらに注目すべき問題は、人時生産性を1割や2割増やすだけではまったく足りないのだという事実である。店舗段階6000円突破のためには、現在の値を倍増させなくてはならないところが多いのだ。

では、どのようにすれば十分な賃金原資額を確保できるのか。

流通業で昔から主張されてきた間違った考えは、収益性を高めるためにまず売上高、ついで荒利益高を増やそうというものである。だが実際には、そのような方向に幹部の関心が向かったとたんに人時生産性そのものがさらに悪化するものだ。

なぜなら、荒利益高を増やすためには荒利益率を高めるか、売上高を増やすかしかない。そのために簡単に出来ると考えられている一般的な方法は、接客と、店内調理と、日替わり特売と、仰々しいPOPとを一段と増やすことだからである。これらは、やればやるほど従業者の総労働時間、つまり作業人時数が漸増する。従って、人時生産性は減る一方、人件費は増大し収益性は悪化する。もちろん荒利益高もまったく改善されないのだ。

だから、努力すべき方向は、作業人時数を減らすことだけなのである。ところが、経営専門家も経営者も、ほとんどの人々の常識の中に「作業人時数は大きく減らすことができない」という思いこみがある。その人々が人時数を減らす合理的な方法を知らないからだ。この課題解決に正しく取り組まなければ、賃金を公正に支払えるような正しい職場環境を築くことは永久にできないのである。

作業人時数を減らすための前提

作業人時数削減のためには、①作業システムの抜本的転換を行うことと、②作業割り当てと、③稼働計画の方法を根本的に変えることとの3つの取り組みが必要だ。この3つの対策が賃金制度改革の前提条件として、経営計画上に明示されなければならない。

このうちまず組織管理で目指すべき内容は、作業割り当てと稼働計画とを正当に実行できる制度づくりなのである。

そこで核心的な役割を担うのが、オペレーションライン・マネジャーである。第4章

で述べたように、完全作業が行われる状態を維持しつつ作業人時数を減らすのがその職務であるからだ。

具体的には、マネジャーが実行することが3つある。

第1は、部下が完全作業をするための教育と考課。第2に、部下ひとりごとの能力に応じた作業種類を適確に割り当てること。第3に、作業を、いつ、誰が、実行するべきかを精密に計画し、曜日、時間帯ごとの勤務計画（稼働計画）を立てることである。

それによって、いまやっているけれども本当はやる必要のない作業と、何度も（毎日、全員がその都度）やらなくて良い作業、方法を変えれば（道具を変えれば、訓練すれば）早くできる作業とに費やされている、ムダ・ムラ・ムリな作業人時数を減らすことができるのである。

しかし、ここで理解しなければならないことは、作業割り当てと稼働計画を行うための前提条件である。それは、現場で割り当てる作業種類と、その具体的実行方法（道具、動作、手順と時期）の、ひとつひとつについて会社としてキマリ（マニュアル）があり、その作業種類ごとに必要な能力水準が決められていることだ。多くの流通企業ではこうした条件がほとんど整っていない。だから、これらの実態調査とマニュアルづくりから改革を始めなければ、前向きな人時生産性の倍増計画は起案できないものなのである。

給与以外の待遇方法

賃金制度の改革と共に決め直すべきテーマが、待遇の制度である。その考え方をまとめたのが図表6―④だ。

Aにある項目は、これらに格差があると優秀な人たちの仕事がやりにくくなるという筋書きのものである。Bはやらない方が優れた人材が育つという待遇方法、Cは逆にぜひとも制度化したいと私が勧めているものである。

従業者の成果を短期的に評価したいときは、月給額よりも賞与額の格差が優先されるべきである。その際、守らなければいけない原則は、上位階層の業績貢献度の高い人ほど賞与が破格にたくさんもらえなくてはならないということだ。日本の流通業では下々に賞与が厚いが、46歳以上の特別に役に立っている人の取り分は少ない。会社への貢献度が高い決定を行う大幹部への賞与が100万円、200万円というのではだめなのである。「この部分は、社長の横にいる常務ひとりの力で前向きになった」という場合、この常務に1000万円を超える賞与を出しても良いのである。そうすると家族も背後でもっと応援してくれるから、その人自身もずっと働きやすくなるだろう。

その代わり、処罰するのも下々ではなく上の方をより厳しく減給すべきである。店長

図表6-④ チェーンストアにおける待遇方法の種類

A. ダメな方法
- ①月給（職位・階層手当）
- ②特殊手当（少数者のみ）
- ③住宅資金貸付け
  （少数者のみ）
- ④退職金
- ⑤肩書

B. なるべく避けたい方法
- ①専門運転手付乗用車
- ②交際費・機密費
- ③住宅貸与（職位専属のみ）

C. なるべくやりたい方法
- ①賞与
  （上に特別厚く、ただし
  個人業績給制）
- ②永年勤続者ミーティングと
  パーティへの招待
- ③会社イベントへの招待

D. 絶対やるべき方法
- ①直接（知識）教育費
- ②出張旅費（国内と海外、ストア
  コンパリゾンとノーシングのため）
- ③有給休暇扱いの長期調査出張
- ④タスクフォースやプロジェクト
  委員会幹事、あるいはスーパー
  バイザーやインスペクターに使う
- ⑤Administration決定または専属
  起案権への参加
- ⑥退職または死亡後の年金
- ⑦上場時に億単位の個人資産を
  つくらせる

をカットするよりも部長、部長よりも取締役の方が先だ。当然に、取締役よりもまず社長の報酬が減額されるべきなのである。

もうひとつなるべくやりたいことは、社内行事へ今日の会社の礎を築いた人々を招くこと。かつて従業者として貢献したがすでに退職した人や、亡き創業者や大幹部の家族などに対し、特別な感謝を示すためにに社内行事を使いたいのである。そうした機会をわざわざ設けて、現経営陣がすでに第1線を退いた人々を手厚く扱っているのだと、みんなが思える応対をしてみせることが必要なのだ。

それによって、現在働いている従業者も自分の将来について安心ができる。サラリーマンは常に、自分の未来について底知れぬ不安があるからである。

Dは一番優先して制度化したい方法である。これについてはすでに第3章で述べたが、ここにもう一度挙げておく。

第6章　チェーンストアの労働環境の実態と改革手法

物理的環境

さらに、早急に改革が必要なのが職場の物理的環境である。残念ながら、これは労務管理問題としては経営者も労働組合もあまり関心を払っていないことだ。本当はただちに改めなければならない大事な点である。

第1に、作業現場の温度、湿度はどのようになっているのか。食品の保管時の温度と湿度については敏感な企業であっても、働く人の労働現場環境の条件は軽視していることが多い。これらが適切な範囲で維持されていない場合、動作の速さと的確さとが悪くなり不完全作業が漸増する。さらに、疲労度が増えて体調不良や病気の原因となるのである。

第2の問題は、従業員が作業を行う場所の照度は何ルクスかである。日本ではどの店を見ても売場の通路上の全般照明は明るすぎるくせに、作業をする人の手元は暗過ぎるのだ。

スーパーマーケットやフードサービスの場合、調理台に向いた作業者の背中の方から天井灯が照らされているから、その人は自分の体で光を遮り暗い手元で力を込めて包丁

を振るっていることが多い。本来は、「手元に補助照明を設置して照度何ルクス以上にしなければ、作業者への肉体的疲労が一挙に増え危険性も増す」という基準があるべきなのに、事故が起きた後でさえもそうした観点での制度見直しが行われていないものなのである。本来、作業台は500ルクスほしいのだ。

第3は、床の問題だ。たとえば調理加工場の床が水浸しだと、すべりやすく転倒の危険性があり、長靴を履き続けなくてはいけなくなる。その濡れた靴で移動するから売場通路の床を濡らし、悪臭の原因にもなる。当然、事故や怪我のもとにもなるのだ。こういうのは排水溝や配管の設計次第で変えられるものである。施設やレイアウトの設計時こそ考慮すべき点だ。

同じように、段差や凹凸や曲がり角、狭すぎる通路も従業員労働環境の過酷さの原因になっている。後方作業場の通路幅が狭いことは、特に飲食業に多い大欠点である。

さらに、たとえば店舗後方の荷受場から売場までに床の高低がある場合、台車の荷崩れによって運搬中の事故が起こり得るし運ぶ作業者も力がいるのだと考えれば、できるだけ配送車両の荷台からフラットであるべきだということになる。そのためには、後方のプラットフォームは車が停まる地面より何センチ高くなければいけない、とキマリが必要なわけである。

第6章　チェーンストアの労働環境の実態と改革手法

その他、どうすれば従業者が事故に遭う危険性を防ぎ安全を確保できるのかと、実態に即した作業マニュアルの見直しが年1回は必要である。「注意して、気をつけて」という表現をどれだけ重複して使っても意味はない。身体を保護する道具（ゴーグル、グローブ、靴など）や、必要な教育訓練の制度化の方が先決なのである。

従業者の職場の安全を確保するという意味では、会社が体調の不良をいち早く発見できるための制度も必要である。その一番大切なものが定期健康診断の義務化である。

もちろん、定期健康診断は法律で定められた企業の義務である。しかし、ここでいいたいのは、従業者側に年1回は必ず診断を受けるように強制しなければいけないということだ。

ハードワークの人は気付かないうちに身体的・精神的な負担を抱えている。そういう人に限って忙しいから受けたがらないものだ。しかも、労務管理の担当者は経費を下げたいと思うから、健康診断というと出来る限り検査項目を減らそうとする。だから、会社が制度上、こういう立場の人はこういう項目の検査をしなければいけないと決めておくべきである。その検査を受けなければ出勤は認めないというように、強制させなければいけないのである。

299

Ⅲ　労働組合の基礎知識

労働組合の必要性

　以上に挙げたような労働条件を前向きに変化させて、長期的に明るい職場を築いていこうとしても、一度にすべての状態を改革することはできない。だから、労使間で対話を積み重ねながら優先的順序を決めて進めなければならない。そのとき、会社にとって不可欠な交渉相手が労働組合である。労組との協力関係がなければ、組織管理上の重要な改革は何ひとつ結実しないと考えるべきである。
　しかし、企業によっては、幹部が「労働組合というのは企業経営を脅かす存在だ」と敵視している。そうでなくとも、「労働組合は法律で認められているからしょうがなくつき合わなければならないもので、できれば接触を避けたいものだ」という考えを持つ。

第6章 チェーンストアの労働環境の実態と改革手法

これらは年齢が高い幹部ほど陥りやすい錯覚である。

こうした見方は、労働組合そのものについて知識が足りないことから生じている。労働組合は、わが社の組織づくりを円滑に進めるために無くてはならない存在であり、それがなければ企業としての組織開発に大きな制約を受けることになる。そういえるのは、私自身これまでに何十社もの組合設立に関与してきたからである。実際、労組ができれば年毎に確実に労働条件が改善されるのだ。

図表6―⑤を見てみよう。ここに挙げた経営戦略上のテーマは、労働組合があるからこそ進められるのである。

①、まず労働組合は、会社が労働法規上の手続きを実行するのに不可欠な協力者と理解すべきである。しかし、私がもっとも強調したいのが②、職場が公正かつ公平であるために、言い換えればチェーンストアとして最も望ましい明るい職場づくりのために、労働組合が重大な役割を果たすことができるということだ。

経営者と幹部がどんなに良心的であっても、店数が2桁になった辺りから会社の隅々まで目が届かなくなる。そうなったとたん、不公平と不公正とがどんどん増えていくものだ。これを是正するためには、通常の命令系統とはまったく別の情報網が必要なのである。そのひとつが労働組合なのだ。従業者にとって大いに不適切な状況が生じたまま

図表6-⑤ 経営戦略上の労組の必要性

---

①会社側の違法行為の是正(会社側管理機構には本来監督限界がある)

②不公平と不公正の是正(同、従業員のヤメル最大の理由がなくせる)

③実質搾取の根絶(建前や口先と実態との間には、大きな較差が出ている)

④マネジメント体制の確立(会社側が姿勢をまず正すことで従業員にきびしいことが堂々と言える)

⑤労働法規上の届出必要手続きが完全に果たせる

⑥人材を集めやすくし、スペシャリスト育成へのハード・トレーニングができるようにする

⑦全従業員の生涯設計(オーナーのうしろめたさをなくせる)

⑧会社の成長と安定のための経営政策について本当の労使協定が実現(労組が前向きだと上記のできそうにもないことまで可能となる)

放置されていても、労働組合が現場の不満、不平、不公正発生情報の吸い上げ役として働くものだ。それによって、トップ側は早いうちに是正の手が打てると考えるべきである。

⑤、労働組合は法規上必要な労使協定を結ぶための基本条件でもある。特に、変形労働時間制や勤務体制の合理化などの労務管理上の重要事案について変更をしたいときに不可欠だ。

労働組合がない場合は、全従業者の過半数の同意を得るために大変面倒な手続きが必要となる。たとえ形式上の説明会や質疑応答会を設けても、本当の意味での過半数の同意は得にくいものである。労働組合があれば、労使の作業委員会を何度も開き、

十分に時間をかけて、労使一体での研究を重ねることができる。これが、本当の従業者側の同意なのだ。

⑧で述べていることの事例として多いのは、合併や提携の際に最大の障害になるものだ。

一般的には知られていないけれども、大手の企業再建などの場面では裏で労働組合の上層部が仲介役をしていたという例がいくつもある。これは企業内労組の上部機関が、全国に独自のネットワークを持っているために介入できることなのである。

逆に、合併する企業どうしの労組が異なる系統であるために、統合が遅々として進まないということもしばしば起こる。だから、わが社の労働組合がどのような系統になるのかも、長期的な経営政策上の重要テーマなのである。

労働組合の種類

ふつう労働組合というと、それは労働組合法に基づく法人である。これは主要都市にある労政事務所に、組合規約と役員リストと組合員数とが届けられている。ほとんどの

労組がこれに当てはまるが、それと別に憲法の団結権、団体交渉権だけに基づいた法人格を持たない団体がある。

この法人格を持たない労働組合の場合、ふつうは地域単位で設立されており多種多様な産業の人が入り混じっている。産業ごとの特徴について情報が集積されないので現場実態を深く知っているとは限らない。結果としてチェーンストアらしい職場とは別の方向に進んで行くことも起こり得る。会社としても企業文化を一本化するのがむずかしいという問題があるのだ。

労組を潰すことは法律で禁じられている。しかし、法の網をくぐるような「寝技」で労働組合を潰すという方法をとる企業があるが、これは厳禁されるべきである。そういう手段に詳しい専門家がいたとしても、その力を借りることは避けるべきだ。

これまでのビッグストアづくりの歴史からみると、そういう手段によって「しこり」を残せば、いびつな労使関係があとあとまで残るのである。そのような過去を20年間も30年間も引きずっていて前向きな労使交渉ができず、企業衰退の一原因となった大手企業がいくつも存在するのである。

企業内の労働組合の多くは、全国組織の上部団体を持っている。現在、日本の労組合の中で最大のものはUIゼンセン同盟で、流通業だけでも最多の350余の単組数を

304

交渉の方法

労使の話し合いの方法については、次の習慣がある。

労使間で制度を議論するのが「団体交渉」だと思う人が多いが、実際にはこれは儀式的なものであるべきだ。本来は、まず労使の代表が「交渉委員会」を開き、それに基いて会社側と労働組合の代表とで労使協定の具体的な中身を決めるために、延々と作業委員会を開くのである。

作業委員会は会社側と労組側とがテーマごとの専門家を参加させ、調査と制度案づくりとを行う。月に1〜4回の頻度で1回あたりが長時間に及ぶこともある。この作業委誇る。その主力はチェーンストア志向企業の労組である。

こうした全国組織は、業界の実態について積極的に情報を集めており職場環境の改善実績が豊富にあって、年に何回も全国的なセミナーを開催している。だからこそ、チェーンストアのトップ側はそうした貴重な情報を持つ相手と、常時情報交換を行うべきである。

員会だけは時間をかけるわけだ。だから、会社側は労働組合に対してこの会議中の賃金カットを行うべきではない。こうして話がまとまった上で、締結を行うための会合が「団体交渉」なのだ。

これとは別に定期的に労使協議会を開き、会社と労働組合の幹部同士で長期経営計画について生の情報交換を行うのである。こうした労使間の交渉の形式は図表6—⑥を参照して欲しい。

労使交渉のテーマ

図表6—⑦に、企業と労働組合の幹部に対しても、賃上げ要求よりも優先して取り組むべきだと強く主張している内容である。

経営陣も労働組合も一番重視してほしい課題は、従業者の自己育成手段と生涯設計計画とを会社が提示できることである。

図表6-⑥ 対労組会合の4種類の区別のしかた

種類	A 交渉委員会	B 団体交渉	C 作業委員会	D 労使協議会
機能	団交開催への事前下交渉	労使協定（協約）の調印締結	協約づくりのための準備作業（調査・検討・実験・成文化）	未来のための情報交換とコミュニケーション
人数	1～2人ずつ	2～3人ずつ（書記別）	3～7人ずつ	会社側3人以上 労組側20人以下
会社側出席者	労組担当取締役出席	社長出席	左記AとB以外の人々の参加	社長以下取締役の大部分が参加
部屋	一定の喫茶店またはホテルのコーヒーハウス	一定の隔絶された部屋（ホテルが多い）	通常の事務所内で	会議室
時間帯	昼休みまたは夕方勤務終了後	早朝　本部勤務開始時刻（10分前までに終了）	通常勤務の時間帯内で	本部勤務終了直後の夕方
時間	60分未満	60分未満	6～8時間	2時間未満
飲食	コーヒーとソフト飲料のみ	お茶だけ	なし	夕食

図表6-⑦ 現時点で必要な労使の団交テーマ

A. 早急解決課題
（数カ月以内）
① 36協定改訂と変形労働時間制における「従業員の過半数」の同意手続きと届出
② 確定「給付」型年金制から「拠出」型への切り替え手続き
③ 育児・介護休暇制の準備
④ 正月3カ日分営業対策
⑤ 限定勤務（転勤なし）と退職金・年金なし報酬制の検討
⑥ 定年制の再検討
⑦ メンタルヘルスへの基本方針

（①〜③について：実態調査）

B. 短期課題
（1〜2年で）
① 本格的「労使協議制」の再出発
② 「労基法」克服5カ年計画の策定着手
③ 同「年次有給休暇」の消化と「過勤料と休日買い上げ」の適法化
④ 「教育体系」20カ年再策定への着手
⑤ 本格的「業績評価制度」の実験出発（定期昇給制の廃止）

C. 中期課題
（3〜5年で）
① 「作業システム」の改革→「作業マニュアル」体系再編成
② 賃金体系の再構築
③ 資格試験制度の再整備
④ パートタイマーの位置づけの変更（労組結成も）
⑤ 階層の削減と、スペシャリスト（ヘッドを含む）の位置づけとの再確定

D. 長期課題
（10年で）
① 「労働条件」改革5カ年計画の実行←賃金源資の人時生産性の向上対策
② 「生涯設計」のための教育システムの実行
③ 作業割り当て（work scheduling）と稼働計画（labor scheduling）の実行とストア・マネジャー像の変革
④ 特殊対策の推進（ストック・オプション制）
⑤ 本部移転と商勢圏拡大（転勤居住方法）対策と今後の合併戦略への対応作戦の検討

第6章　チェーンストアの労働環境の実態と改革手法

経営陣は他社で労働組合が蜂起したと聞くと「低賃金だから」と思うものだ。だが、本当はそうではない。若い従業員たちは、賃金が気に入らなければその会社を辞めるだけだから、わざわざ大勢の手間をかけてまで蜂起をするまでには至らないのだ。

これまで労働組合が突然蜂起した事例の中で最大の動機は、優秀な30歳代前後の人々が「企業に裏切られた」と思ったことである。実はその原因のほとんどは、教育システムの不在または不公正な現場環境のためなのだ。

企業が教育について求人案内や就職説明会で格好のいいことを述べて期待を持たせたあと、いざ勤務すると新人としての短期訓練以外は何もしてくれないような場合、その人々は「裏切られた」と思う。真面目に勤務している従業者は30歳前後になれば、「自分が50歳代になったとき、どのような資産や家庭が持てるのか、さらにどんな技術で世の中に貢献ができるのか」と想像し始めるのだ。

そういう前向きの人生を考えようとする人々が、期待を持てるような職場環境を創り出すことが大事なのである。その決め手が、長期的な教育機会が公正に与えられていると全従業者が信じられる状態を作り上げることである。そうした目標を共有できる労働組合は会社にとって組織づくりの障害ではなくて、かけがえのない存在なのである。

第7章 トップ・マネジメントの役割

Ⅰ　トップ・マネジメントの条件

アドミニストレーション

　本章で述べるのは、組織づくりの中で最上位のアドミニストレーションに属する取締役（協同組合では理事）という企業経営責任者についてである。
　この取締役や理事に任されたトップ・マネジメントの主な任務は、わが社の経営内容が前向きに変化するために、何を重点的に実行すべきなのか人々に明示することである。
　この人々が組織の5年後、10年後、さらに20年後のために現状のどの部分を否定し、どの部分を制度化すべきかを具体的に決めるのである。
　未来のあり方を示し、リードしていくという任務は、経営軌道づくりと表現できる。
　それを専門用語で、経営管理あるいはアドミニストレーションというのだ。しかし、現

実の組織では、トップ・マネジメントのすべての人々がこのアドミニストレーションを理解し、まっとうしているわけではない。名目だけの場合が多いというのが実情であろう。

トップ・マネジメントにとっての必要条件の第1は、本人たちに企業の10年後、20年後はこうありたいという明確なビジョンがあることだ。その人々が目先の営業上のことばかりに関心があって、将来のためにいま果たすべき課題を理解しようとしていない場合、企業が前向きに変化していくことはあり得ない。消滅に向かわざるをえないのである。

第2に、部長、室長、課長級やさまざまなスペシャリストたちに何をさせるかを決める、オーガナイザーとして務めていることである。内容は、①方向と、②課題と、③基本対策の明示だ。また、その命令を部下が具体的に実行できないときは、別の人へ交代させる決定をするのがトップ・マネジメントの役割である。そうした組織対策を積極的に実行できない役員は、アドミニストレーターとして怠慢なのである。

第3に、いま進行中の経営対策において、ダメなものをできる限り早く止める決断ができることだ。取締役のことを英語でエグゼクティブ（executive）というが、この語源であるエグゼキューション（execution）という言葉の意味は、「処刑する」つまり「止める決断をする」という意味である。トップ・マネジメントは、進行中のまずい対策を止める決断ができなければその資格がないのである。

ワンマン経営

決定ができない人がトップ・マネジメントの中にいる場合、任務を果たせる他の人物と交代させなければ、企業活動は前向きに進まない。そもそも、組織管理上の第1歩は、このトップ・マネジメントにあるべき顔ぶれが出揃うことなのだ。

しかし、この取締役級の資質について日本では間違って解釈されていることが多い。その間違いのひとつが、ワンマン経営という言葉の理解である。

ワンマン経営という言葉を否定する人は多い。これは、組織の方針決定では大部分が同意見が取り入れられなければならないとか、異なる立場の人が一堂に会して大勢の意見が取り入れられなければならないとか、トップが自ら考え、自由に決定すること自体が望ましくないという考え方が前提だからである。

だが、アドミニストレーションにおける最終決定は、歴史的にも常にワンマン経営でなければならない。組織の将来にむけた軌道について、トップと上級幹部とが最終的に自分ひとりの責任で決定が行えることが、アドミニストレーションの基盤となる考え方である。他人との意見交換ばかりでいつまでも最終決定をしない人や、妥協案を常に追い求める人物や、自分の出身部門セクトを代弁する人は、トップ・マネジメントを務め

314

第7章 トップ・マネジメントの役割

る資格がないのだ。

もちろん、ここでいうワンマン経営とは、いかなる立場の人の意見も聞かず、個人の思いつきだけで決定をすべきというものではない。反対や陳情を含めて他人の意見をひとりごとに十分に聞き取り理解する態度でなければならない。しかし自ら最終的決定を下す際には、ひとりで繰り返し考えつめることなのだ。マスコミが取り上げる通俗的な経営成功物語は、経営者の一瞬の発想が商売を変えたと誇張することが多いが、実際にはそうしたひらめき経営は必ず失敗している。第3者にはそのように見えた結論も、本当はその人がいろいろな情報や意見を集めたあとで、ひとりで考え悩み続け、突き詰めた後で生まれたものなのである。

もっとも、ワンマン経営者は自分の決めた軌道に人を引き込むわけだから、当然、根回しやネゴシエーションの努力が不可欠である。

組織全体を見事に動かすリーダーシップの背後には、常に人々を納得させようとする熱心なコミュニケーションの努力があるものなのだ。他人との意見交換と討論との時間を十分に費やし、誰よりもよく学習し、誰よりも常にハードワークを実行して人々から自然と敬服される状態、つまりリーダーシップをつくれなければ、本来の意味のワンマン経営はできないのである。

数字に強い

このアドミニストレーション行動の道具は、まず経営効率数値である。数字に強いことも、トップ・マネジメントの人々になくてはならない資質である。

図表7―①には、数字に強いということの意味を示した。これは知能指数が高いという意味ではなく、日常の経営姿勢の問題である。ふつう、数字に強いと周りからみなされている人物ほど、自身の数値解釈について思いこみがありそれに囚われて、数字の解釈について別の他人の意見に耳を傾けることができない。ひとりよがりに陥っていることが多いのだ。

この際の決め手は、その人自身の資質よりも、現実の数字から皆が納得できる論理的な行動を起こせるかどうかである。そこで問題となるのが、使える数表が用意されているかどうかである。

今日ではどの企業でも、膨大な種類の数表が定期的に出力されているはずだ。しかし、そのほとんどが財務や勤怠管理に使うもので、すべての幹部が行動に移せるような経営効率数値や現場の実態数字は示されていない。だから、現場の実態から新しく改善・改革行動を起こすための材料にはしにくいのだ。

図表7-① 数字に強い経営者とは
(大欠点は他の意見を聞こうとしない悪しきワンマンになること)

---

1. 金融動向(貸出し縮・緩、金利高下)に敏感

2. 資金繰り表に毎週注目
　　①近未来13～26週分
　　②在庫高(特に部門別1坪あたり)コントロール
　　③季節的まとめ買い枠の再設定
　　④毎季社債・ワラント債償還対策

3. 投資に慎重
　　①利回り計算で判断
　　　　(1)総資本回転率初年度から年2.5回転以上
　　　　(2)2年後に営業利益を確保 ──┐
　　　　(3)5年後資本収益性10%突破 ──┴─ を不可欠条件とする

　　〔経営戦略上だけの理由による投資なら、3年後必ず見直し〕
　　②不動産
　　　　(1)現地踏査
　　　　(2)面積(拡張可能性)重視
　　　　(3)近隣、車アクセス調査
　　③他事業
　　　　(1)貸付けしない・借入れの保証はしない
　　　　(2)その企業の株買収より、人材グループのスカウト、あるいは
　　　　　　有利な不動産物件の人手のみを考える
　　　　(3)株買収なら最初から過半数をとる
　　　　(4)年1回その事業の継続の有無を白紙再評価する
　　　　(5)長のカウンセリングは毎月または隔週に1対1で長時間

4. 数表ごとに、全職能ごとに幹部1人ずつから
　　(観察・分析・判断を区別して)、そのつど意見聴収

5. 大事な指標(経営効率上の目安)を平常から口ぐせにする
　　(収益率・分配率・生産性などに関する具体的な項目と数値)

これは一度数表がつくられると、「この表にはこういう項目が抜けている」とか、「この課題に取り組む人には別の勘定科目が必要だ」とか、「数表作成締め切り日、期間決定が活用しにくい」とか、数表設計についての改善点を誰も指摘しないまま放置されているからである。これは、経営情報のあり方を決めるのは電算室の職務だとみなされているためかも知れない。

流通業ではほとんどの場合、本当に必要な情報（商圏、客層、欠品、死に筋と売れ筋、作業種類ごとの人件費、固定資産や流通資産の時価、従業員ごとの能力と時給額など）はわざわざ調査をしないとわからないことばかりなのである。だから、決算や資金繰りのための財務諸表や税務関連提出文書では、まったくアドミニストレーションやマネジメントの役に立たないのだ。

まず、必要な数表の設計と時期、期間について改革のプロジェクトをトップ・マネジメントが立ち上げねばならない。数表の現在のあり方を抜本的に変えた後でなければ、マネジメントに携わるべき人々が、数字をもとに議論を行えるようにはならないのである。

ストア・コンパリゾン

経営実態を表す数字が手元に来たとしても、第1にそれがその職位についてどのような組織管理上の意味を持っているのか、第2に数値が良いにつけ悪いにつけ何がその原因なのかと、その人物自身が「観察」・「分析」・「判断」を行い「実験」計画がつくれなければ改善・改革行動に移れない。

その値はあるべき状態なのか、あってはならないことなのか。10年前は優良だったはずだけれど、現在ではどう変わってきたのか。その原因は5年後と10年後とさらに20年後とに分けて、どのような結果になりそうなのか。これらを正しく理解できるかどうかは、次の2つの能力次第である。そのひとつは、チェーンストアとしての技術理論体系の理解、ふたつ目はストア・コンパリゾン能力である。したがって、トップ・マネジメントの人といえども、この2点の能力開発に誰よりも多くの時間を費やしていなければならないのである。

このふたつのうち特に、ストア・コンパリゾンの習慣について言及したい。アメリカのチェーンストアでは、30歳前後でトレーニーになったときから定期的なス

トア・コンパリゾンのレポート提出が義務づけられている。それは、どんなに上位階層へ出世してもチェーンストアで働く限り、継続しなければならない習慣だと考えられているからだ。肩書が常務であろうと社長であろうと、他社と自社との店を見てそこから原理原則や問題点を導き出すことができなくなれば、組織にとって重要な決定もできなくなると考えられているからである。

現在、世界最大のチェーンストア規模であるウォルマートを築いたサム・ウォルトン氏も、そのことを強調し続けた人である。私が彼と対話をした機会は3回あるが、会うたびに私が話の最後にいつも質問したことは、「あなたが誰にも負けないと自慢に思うことは何か」というものであった。すると、彼は3度とも同じように、「他の誰よりも多くの店を見学していることだ」と答えていたのだ。

日本のチェーンストア志向企業の経営者たちもまた、自店と他店を問わず、ストア・コンパリゾンを習慣とした人が多い。しかし、この会社でおかしなことを始めたなと思われるときは、実はそれまで毎年行っていたアメリカのチェーンストア視察を最近は経営者が止めてしまったとか、大幹部の人々の店舗視察の頻度が減り、現場の状況を見なくなったとか、大体はトップ・マネジメントの人々によるストア・コンパリゾンのサボタージュが原因となっているものなのである。

図表7-② 間違った原因説

（a）効率のみを追求しすぎた（経営効率は悪化の一途なのに）
（b）消費者はセルフサービスとスーパーストア化を望んでいなかった
（c）消費者のニーズの変化（魅力商品＝高級品化）に対応できなかった
（d）土地を購入しすぎた（換金できる資産こそ最後のより所なのに）
（e）新興「専門店」にやられた（専門店も既存大手のほとんどはダメなのに）
（f）アメリカのまねをしすぎた（ちっともまねていないのに）

図表7-②は、私がトップ・マネジメントの人々に、わが社の反省を求めたところ返ってきた、不適当な説明の例だ。カッコ内にはその説明がどうして間違っているかを示している。

なぜ、こうした間違った判断が生まれるのか。それは、その人がいつも「考える」ことを要求されていると思っているからである。「考える」とき、自分ひとりの力で新しい原理を見つけ出すことになりがちだ。

考えることの反対語が「学習する」という表現だ。それは、すでに他人が経験し明らかにした成功と失敗の定石を学び、良い例はそのまま真似るということである。結果的に、考えろという要求は成功例を真似することと正反対の我流の追求となり、ますます原理原則から逸れ、時流と逆行した方向に突き進むことになりやすいのだ。

Ⅱ 経営者の責任

優劣を左右する要素

実際には、トップ自身の態度振る舞いがわが社の一番の組織づくりの障害なのだと周りの幹部が嘆いている会社もある。当然、企業経営の責任を最後に取るのはトップひとりであり、他のトップ・マネジメントの要員よりも、はるかに重い責任が課せられている。

だからこそ、トップの資質はより厳しく問われるべきである。

私の経験では、適切な決定をいち早くできる経営者には共通の特徴がある。それは、その人自身の頭がいいとか、天才的な発明ができるとかではなくて、周りに遠慮なく討論できる側近幹部を何人も揃えていることである。

極端にいえば、経営者には頭脳明晰で話の上手な人よりも、どこか欠点のありそうな

第7章　トップ・マネジメントの役割

人の方が適している感じさえするのだ。その人は、周りの幹部ひとりひとりを納得させるためにより多くの時間を割いて面談するからである。自分に自信がないから一緒に学習しようという姿勢なのかもしれない。

逆に、経営者にこれだけは絶対欠かせないというのが、自らの現場経験である。本部にしかいたことがない現場実態を知らない人物や、学卒後すぐに親の会社に入って特別待遇の下で過ごしてきた二世後継者では、経営者として問題を摘発することも、他の人々に説き続けることもしにくい。

次にトップにとって大事な資質は、チェーンストア組織の最高責任者として道徳的に高い理念を持ち続けていることだ。私利私欲におぼれないモラリストであり続けられることである。この点についていま一度、自浄課題として受け止めなければならない経営者が多いのではないか。

経営者として負うべき責任とは、赤字ならば個人資産を用いてでも補てんし、いつでも辞職の覚悟ができていることである。個人資産の増大と一族一家のみの繁栄を目指した経営者では、本当に信頼できる側近を持つことも、10年、20年先のビジョンを従業員に示すこともできない。まず見直すべきなのは、わが社に巣食うプライベートカンパニーの事業と、有名無実化している同族役員の排除なのである。

創業者責任と後継者問題

特に対策を練る必要のあるのが、トップが創業者である場合の後継問題である。これはとてもむずかしい組織課題なのだ。

実際には、優れた経営者だと評判だった人でも死後のトラブルが多すぎる。50年後に自分の築いた会社がどうなっていてほしいのか、そのためには人材と資産とについていまからどのような準備が必要なのかを、十分に検討し実行しなかったのが原因である。その対策の必要性とむずかしさとについて、これまで私は何十人もの創業経営者を説得してきた。しかし、その行方を深刻に考えている人は案外少ないものなのである。

私が指導し少なからず関与した案件の中で比較的上手く後継ができたのは、現在では国内最大規模のグループの中核になった、ある企業のことである。そこでは、二代目の後継候補者にいくつかのプロジェクトの権限を与え、5年以上の歳月をかけてトップとしての資質を審査した。だから、社内外でもその人の実力が認められ、比較的上手く後を継ぐことができたのである。

むしろ、創業者にとって自分の真価を決めるのは、後継者の選び方なのだと考えるべきである。創業者が志高くロマンを抱きどんなに頑張ったとしても、その生涯でやれ

324

第7章 トップ・マネジメントの役割

ことは限られている。だとすれば、自分の代で追及しておくべきことは、死後何十年もよき組織文化が育まれ続けるための準備をすることである。だからこそ、自らが退いたのち二代目、そして三代目で企業がさらに大飛躍できるかどうかが、トップとして企業の将来対策を真直に進めていたかどうかを証明するものなのだ。

チェーンストア組織づくりを志した創業者であれば、自分の後で経営を担う人が同じロマンとビジョンを持てることを第1に考えて準備するべきである。劣悪な労働環境、変更できない取引先関係、世襲的企業慣習（文化）、個人的な恩返し思想など、わが社にある悪しき慣習を自分の代で根こそぎ断ってから、後人にトップの座を譲るのがあるべき後継者対策である。

後継者選びとともに、後に組織の根幹を揺るがすことになる原因として非常に多いのが、創業者の遺産問題である。守らなければいけないのは、株式は後継者ひとりに集中させて持たせることだ。

これを一度分散させてしまうと、後で取り返しがつかないことになる。後継経営者のもとで資本が安定しなければ、何よりもトップ・マネジメントの人事権が掌握できず、アドミニストレーションの実行力が減少し、組織運営が進めにくくなるのである。資産を残したいならば、会社とまったく関係のない個人資産を残せばよいではないか。

二世対策

日本の流通業では、自然と二代目が同族の長男に決まってしまう場合が多い。だが、チェーンストア・ビジネスの歴史の古いアメリカでは、少なくとも第2次世界大戦以降、そのような事例はほとんどなくなっているのだ。

実は、日本でも同族の二世が創業者の後を継いで成功した例は、これまで僅かしかないのである。

その理由は、二世は後継者としては最も不利な立場だからである。ひとつは、周りの人にとってはその二世の能力が高くても知りようがないので、その人は無条件に優遇されていると感じられるためである。だからこそ、創業者一族の人物が他の人と同じように立派に職務を果たしても、周りはその人の実力を認めてくれないものなのだ。さらに重大なのは、信頼できる側近を得にくいという事情もある。多くの幹部は他の人にはいえる批判や意見でも、創業者の血縁者には同じようには伝えないものだ。つまり、二世であることは、稀にある他の人よりも何倍ものハンデを最初から持っているのである。

では、稀にある二世後継者の成功事例では何が決め手となったのか。それを示したのが図表7—③である。

図表7-③ 二世対策

- (1) 30歳代半ばで入社、実績はあげた時のみ取締役(36歳以上)、3～4代目トップ就任は40歳台後半に
- (2) 15年以上A級企業で修業(×同業、×同規模)向き
- (3) 入社試験で(×縁故採用)
- (4) 持株は多くてよい(×娘)
- (5) 自分で部下を確保させる(父の部下は鬼の部下にならない)
- (6) 実験事業は早くさせろ(20歳代ダメ)
- (7) 妻は重役陣に入れるな、妻の親に権利期待をさセるな
- (8) 兄弟・姉妹の持株比率と遺産分配方法の再検討

(1)、先ほど説明したように、配転は原則に従って行うこと。しかし、それ以前に(2)、大学卒業と同時にわが社に入社するのは避ける。これをすると、最も成功率が低くなってしまう。

将来その人物に組織の発展を任せたいとの期待があるとするなら、いまのわが社で欠落しているよき企業文化を、他の企業で体得してくるべきなのである。だから、最も優良とされる企業に少なくとも15年(30歳代後半まで)在籍して、そのよき慣習を身につけることが大切なのである。他社で訓練といっても、3年や5年いただけですぐわが社に戻ってきて、そのとたんに偉そうな肩書がついてしまう。それでは、わが社に新しい文化を持ち込むことはできないのだ。

(6)、二世には特別にむずかしいプロジェクトを課し、やり遂げたという実績を持たせること。

その場合、だれもそれに触れたくないようなわが社の恥部についての対策をさせるほうが、周りから認められるために都合がよいのである。もし与えられた課題ができないのであれば、その人物には後継者としてふさわしい能力がないのだと割り切るしかないのである。

統合の原則

最後に、トップが努めなければならない将来組織対策上のもうひとつの課題が、企業の統合（インテグレーション）準備である。ここで要点を説明したい。

図表7—④はインテグレーションの種類である。

いま世間では、合併や提携が進んでいくのは世の中の流れであり、マスコミのすべてが前向きのことのように解説している。しかし、統合問題については、私はずっと以前から、次の2つの見解を主張し続けてきた。

ひとつは、成長のためには統合は不可欠であること、これは第1テーゼである。

しかし2つめとして、成功例は極めて少ないということである。その上で理解してほしいのは、やってはいけない統合は経験法則から詳細にわかっているということだ。逆に表現すれば、おすすめが二重丸である。

(A) の①のバーチカル型とは、統合相手が集荷力のある他業種だが、その相手はメーカーでも商社でも問屋でもなく、ジョバー、ブローカー、レジデンシャル・バイヤー、ディストリビューターだというものである。

いわゆる集荷をやっている人は、商品を見て値打ちがわかる技術者である。そのノウハウがチェーンストアのマーチャンダイジング活動では必要なのだ。

そういう能力を持った人たちは、アメリカではここでいうようにジョバー、ブローカー、レジデンシャル・バイヤー、ディストリビューターとして職業分類されていて、個人もしくは法人として合併の対象になるのである。

② 、ホリゾンタル型とは、水平合併のことだ。同一客層すなわち同一フォーマットであることが絶対条件である。これでドミナント・エリアづくりが進み、次の新商勢圏づくりが早まる。

別のフォーマットとの統合が適切なのは、同一来店頻度のとき同一商圏人口のときである。

(B) 方法 ① 持株会社

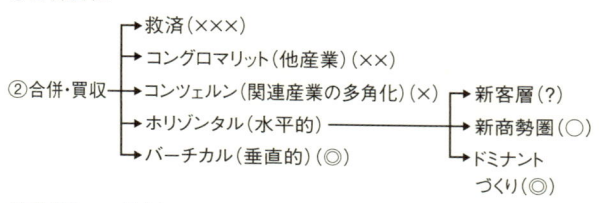

② 合併・買収 →
- → 救済 (×××)
- → コングロマリット (他産業) (××)
- → コンツェルン (関連産業の多角化) (×)
- → ホリゾンタル (水平的) ─────
- → バーチカル (垂直的) (◎)

→ 新客層 (?)
→ 新商勢圏 (○)
→ ドミナントづくり (◎)

③ 提携 (→ 統合)

(C) システム

① 物流 ← センター機能 ← ┬ 商品補充制度
　　　　　　　　　　　　　└ 取引条件

② 棚割り ← 新品目導入 (改廃) 手続き制度

③ IT ← POSの統合

④ 企業文化変更対策

⑤ 組織開発対策
　(イ) 組織 (機能・責任) 分業変更計画 → 未来組織図の発表
　(ロ) 要員構成変更計画
　(ハ) 教育制度変更計画

⑥ 資金調達対策

⑦ 経営戦略
　(イ) フォーマットの改廃
　(ロ) 乗換えニューフォーマットの実験
　(ハ) 物流・ITシステムの欠品・作業時間数の大巾削減

第7章 トップ・マネジメントの役割

図表7-④ Integration（統合）の種類

＜日本では、①効率数値隠蔽化、②幹部のサラリーマン化（大企業化病）の傾向＞

(A)種類 ＜◎おすすめ、○次におすすめ、?成功しにくい、×成功率が低い＞

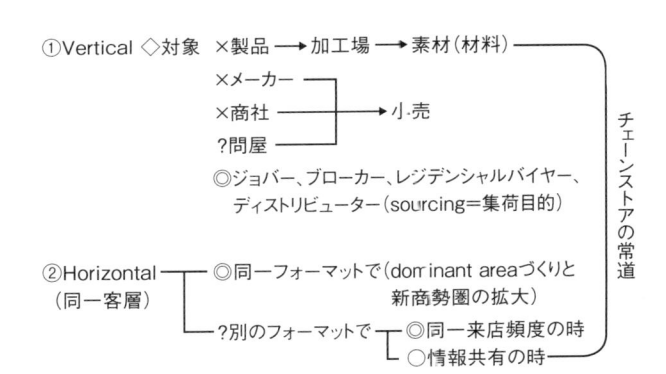

①Vertical ◇対象 ×製品 → 加工場 → 素材（材料） ┐
　　　　　　　　　×メーカー ┐
　　　　　　　　　×商社　　├→ 小売　　　　　　　├ チェーンストアの常道
　　　　　　　　　?問屋　　┘
　　　　　　　　　◎ジョバー、ブローカー、レジデンシャルバイヤー、
　　　　　　　　　　ディストリビューター（sourcing＝集荷目的）┘

②Horizontal ┬ ◎同一フォーマットで（dominant areaづくりと
　（同一客層）│　　　　　　　　　　新商勢圏の拡大）
　　　　　　 └ ?別のフォーマットで ┬ ◎同一来店頻度の時
　　　　　　　　　　　　　　　　　　└ ○情報共有の時

? ③Konzern化（同一客層・関連産業）

× ④Conglomerate化　他産業の統合（不動産・保険金融証券・エンタ
　　　　　　　　　　　　　　テイメントの多角経営体など）

? ⑤Administrated　メーカーまたは問屋系列化〔前売りの価格支配〕
　　　　　　　　　＝ボランタリーチェーン

? ⑥Managerial＝本格FC〔搾取型になりやすい〕

一方、最近は統合により「より広範な情報が共有できるはずだ」という願望を持つ人々がいる。しかし、それは幻だ。

30年前、競争が激しくなかった頃の情報共有は楽だった。トップ同士のお互いのコミュニケーションができればよかったからだ。しかし、いまのIT時代はソフトのシステムが一致しないと有名無実となってしまう。しかも、それを是正するのに膨大な費用がかかる。そう安易に情報共有ができるとはいえないのだ。

世界的にどの国でも危険だとされている統合は、③のコンツェルン化だ。成功した例は、アメリカでもまるでない。日本でも、決して考えてはいけない方式である。

⑤はボランタリー・チェーン、⑥はフランチャイズ・チェーンのことである。これは、レギュラー・チェーンにおけるインテグレーションとは異質のもので、チェーンストアの変形、応用形と考えるべきである。

絶対原則をひとことでいえば、目的は売上高を増やすことではなくて、あくまでも人材の教育期間を短縮することが、あるべきインテグレーションの中身である。

そのためには何をすべきかは、当然わかってくる。評価尺度と賃金体系や企業文化の共有が当然不可欠だ。これらは大変に実行がむずかしいものである。そのために、統合によってマンパワーが強力になったという例は、極めて稀になってしまうのである。

提携の成功条件

図表7―⑤は、「提携」の成功条件を並べてある。（A）目的はまず、共同仕入れという声が上がりやすい。しかし、それならば、物流と商品管理との両システムが完全に一本化できないと効果は上がらない。もしもこの面で本当に成果を望むのなら、消耗品の共同仕入れから着手したい。2つめが機械器具、3つめが建築資材。商品分野に入っていくのはその後である。

なぜ共同仕入れができないかを失敗事例の中で突き詰めていくと、物流制度、言い換えれば発注・補充作業や商品管理のための数表や機械器具の不統一が原因になっていることが多い。

共同研究会を開いて、こうした制度の標準化に地道に取り組むことをまず奨めたい。よく話題になる共同の製品開発は、もっと後の対策なのである。

図表7-⑤ 「提携」の成功条件(合併ならなおさら)

- **(A) 目的** ── 経営活動の共同化(×目先き売上高規模の膨張)
  - ① まず仕入れ
    - (イ) 消耗品
    - (ロ) 機器(運搬・陳列・加工)
    - (ハ) 資材
    - (ニ) 製品(食材)
  - ③ スカウト・求人
  - ④ SB開発
  - ⑤ PB開発
  - ⑥ フィランスロビー
  - ② 物流

- **(B) 基盤**
  - (a)「ゆるやかな連帯」・長所──被害者意識僅少 ┐ その差は
    - ・短所──不満・不平の累積 ┘ 紙一重
  - (b) 不可欠な条件
    - ① 次の2種類の腕きき個人の活躍
      - (イ) 軌道維持のためのネゴシエーター役
      - (ロ) 方向づくりのための方針リーダー役
    - ② 商品部の統合
    - ③ 活発な人事交流

- **(C) 必要条件**
  - (1) 経済的ごりやく
    - ① 強力なNB商品の仕入れ原価を大幅に切下げ ┐
    - ② 売れ筋品目の欠品を削減 ├→ 荒利益高増 ←┐
    - ③ 営業利益率の向上 ┘   │
  - (2) 現場作業をチェーンストア型に転換 ───→ コスト減 ←┤
    - ※① センター機能の統一   │
      (オリコン・カゴ車・パレット・トラック容量・ピッキング方法の標準化) │
    - ② 1品目移動の大量化   │
      ・→センターへ=コンテナ(クレート)orパレット単位   │
      ・→店へ=パレットorケース単位で、店内通路別パレット制 │
      ・→陳列台へ=ケース単位   │
    - ※③ 店段階で(イ) 補充頻度の削減 ─────────────────┤
      - (ロ) SKU数の大幅削減 ──────────────────┤
      - (ハ) 重点品目のプレゼンテーション形式を統一 ──┤
        (陳列機器と陳列の型とPOP広告の標準化)   │
      - (ニ) 1品目あたりのmass化(陳列量、補充量の拡大)┘

- **(D) 崩壊原因** ── 現在取引中の地方問屋群の抵抗

結びにかえて

ペガサスクラブのスローガン

 これまで本書が説明してきたのは、チェーンストアの組織づくりにおける軌道である。
 その原点は、人類の文明史と19世紀後半からの欧米チェーンストアの歴史の中で築き上げられてきた組織管理の経験法則であった。さらに1960年代以降、私が主宰してきた日本のチェーンストア経営研究団体「ペガサスクラブ」に集った、革新的な商業経営者たちの経験がこれに加わった。
 図表8─①が示すのは、これまで日本の流通業で挑戦された組織づくりの歴史のまとめである。これをみて、わが社の努力が他社よりも遅れている点は何か、一般情勢から外れた過ちをしていないのか、と自問してほしいのである。

図表8-① 多店化成長段階ごとの手術の定石

特徴	店数	武器	その時期に強化・再編成すべき職能	手術 テーマ	適期
初歩的管理の時代	<ガンバリ時代> ～7店	①ビジョン ②廉価 ③スカウト	トップ・マネジメント	・ミス急増 ・野武士が横行	5店
初歩的管理の時代	<多店化時代> 15～25店	—<商品の差別化>— ①計数と報告書との制度 ②積極投資 ③増資	サービス(事務)	・数字が不正確に ・報告が抽象的に	15店
システム準備時代	<新商勢圏時代> 30～50店	—<企業文化づくり>— ①教育(配転と知識体系化)強化 ②商品部入れ替え ③大卒定期採用 ④DC・PC・TCとトレーニングセンター	トップ直轄のライン・スタッフ / スタッフ(財務と教育)の独立	・自信過剰へ ・しつけは崩壊へ	30店
システム準備時代	<第1建直し時代> 60～90店	—<コミュニケーション>— ①活発なスカウトと中途採用・再訓練 ②資格試験制度 ③評価尺度変更(数値責任制へ) ④数表設計革命	トップマネジメントの入れ替え / サービス(事務)の建直し / 商品部組織の拡大と交替	・機会損失が増大 ・赤字部門の改善進まず	50店
システム準備時代	<第2建直し時代> 100～180店	—<本部再編成>— ①ホワイトカラーの減員 ②商品開発 ③品質維持 ④作業体系再編	同族整理 / 5職能・3階層の峻別、チェーン独自の職位増設 / 店舗運営の簡略化 幹部再特訓	・無責任体制拡大 ・あしき官僚制蔓延	80店
本格的チェーン時代	<ごりやく時代> 200～350店	—<本格的標準化>— ①リエンジニアリングによる構造改革 ②グローバルスタンダードへ転換作戦 ③DC・PC・TC・コミッサリーの再編成 ④長期経営計画	数値責任制 / サラリーマン・トップ分社責任体制 / ライン・スタッフとプロジェクト・チームのフル稼働	・無能幹部激増 ・全システムが制度疲労へ	120店

店数規模ごとに標準化の制度を向上させ続けること

どの企業にも共通するのは、50年後、さらに100年先まで社会貢献を続行できるような、真のチェーンストア組織がまだ成立していないということだ。しかしながら、本格的チェーンストア企業同士がいままでにはなかったような熾烈な競争を始める時代は目前なのだ。その過酷な闘いの中で優位に立ち、他社を圧倒する競争力を発揮するためには、現状組織を大変革することが緊急の要件なのである。

いま、組織づくりに携わる人々にもう一度見つめ直してほしいことは、商業人としてのロマンである。

わが国のチェーンストア産業づくりの運動を支えてきたのは、「我々商人が、チェーンストア経営システムという手段によって、日本の大衆の日常のくらしをアメリカ以上に豊かにしたい」という使命感であった。初期のペガサスクラブに参加した当時若かった経営者たちが、いずれもやがて大企業へと急成長し、日本の小売総売上高の過半を占めるまでに成長したのは、そのロマンが従業者全員に共有されてきたからにほかならない。

チェーンストアには経済民主主義の実現、いいかえれば商業活動による社会的格差の解消という目的がある。それは、21世紀における最大の社会改革への貢献である。その実現へのロマンティシズムを喚起し、わが店がそこにあることによって地域住民のくらしが着実に向上しているのかを、絶えず自問自答したいのだ。

結びにかえて

組織論の本質

最後に、これまでの解説してきた組織論の総まとめとして、本質をまとめておく。

（1）組織論は、人類最高の文明の武器、文化遺産である。学説ではない。
　→虚心に学ぶこと

（2）それは最大の経験法則である。机上の空論ではない。
　→原理として覚えること

その目的を果たすために、現状組織の抜本改革を実行し、組織分業のしくみと企業文化を絶えず改善し続けられた企業のみが、50年後、そして100年後もチェーンストアとしてあり続けることができる。

(3) 組織分業は長時間（10〜30年間）かけて築き上げるものである。
理屈を理解しただけでは役に立たない。
→精密な教育計画の積み重ねによるもの

(4) 組織対策の内容で企業規模と成長性とが決まる。
今年の業績は5〜20年前から行ってきた組織対策の結果である。
→未来は今日のビジョンで左右される

(5) 組織づくりとは慣習（惰性）の変更である。
目指すものは常に、改善ではなくて改革でなければならない。
→現状否定で常に抜本策を

(6) 絶対的に最善だといえる改革はありえない。常に反動が起こる。
→反動に先手を打て

(7) それ故、組織対策は常にダイナミックに内容が変わっていかねばならない。
→ 方向は10年ごとに、方針は5年ごとに、制約は3年ごとに、対策は1年ごとに

(8) トップ・マネジメントの決断が出発点。
そのためにスタッフとスペシャリスト・グループが存在する。
→ 意見は集約されるべき
→ 理論武装せよ

(9) 幹部全員のコンセンサスが共通になること。
一部の理解ではインフォーマルな抵抗がつよくなるだけ。

(10) 自らを追い越す、秀でたリーダーシップを持つ人を育て、配置できること。

附録資料

A チェーンストア組織を学ぶための文献・資料 343
B 渥美俊一著書の歴史的発展 344
C ペガサスセミナー体系 346
D 日本リテイリングセンター方式"職能"適性検査 347

附録資料

A.チェーンストア組織を学ぶための文献・資料

渥美俊一著作(現在出版されているもののみ)
- 21世紀のチェーンストア(実務教育出版、2008年)
- チェーンストア経営の原則と展望(同、1986年)
- チェーンストア能力開発の原則(同、1987年)
- チェーンストアのマネジメント(同、2003年)
- 店舗レイアウト(同、1992年)
- 商品構成(同、1983年)
- 仕入れと調達(同、1985年)
- 渥美俊一選集(全5巻、商業界、1997年〜1998年)
- 新版 商業経営の精神と技術(同、2012年)
- 流通革命の真実(ダイヤモンド社、2007年)
- チェーンストアの商品開発(共著、同、2010年)
- 流通業のための数字に強くなる本―チェーンストアの計数管理(同、2011年)
- ストア・コンパリゾン―店舗見学のコツ(共著、実務教育出版、1996年)
- フードサービス業チェーン化入門(柴田書店、2009年)

他

(3) チェーンストアづくり

発表時期	ねらい		単行本シリーズ	出版社	書名
1969	チェーンストアの準備	基礎知識		ビジネス社	チェーンストアの経営・
1972〜1974			チェーンストアの実務（全12巻のうち5巻）	実務教育出版	これからのチェーンストア経営 チェーンストアの組織づくり 商品構成の決め手 チェーン実務能力うでだめし・ アメリカのチェーンストア・
1974		自己育成	チェーンストアの人材（全5巻のうち3巻）		スタッフ・ マーチャンダイザー・ ストアマネジャー・
1975	チェーンストアへの切替	方針の提案	チェーンストア経営（全4巻のうち1巻）		チェーンストアのショッピングセンター経営・
1976		新技術の提案	フードサービス業	柴田書店	ズバリ直言 これからの食堂経営
1981		問題提起	転換（全4巻のうち3巻）	実務教育出版	転換期の経営戦略 転換期のマンパワー 転換期のマーチャンダイジング
			フードサービス業のチェーン化政策（全3巻）	柴田書店	フードサービス業の経営戦略 フードサービス業の商品と店舗 フードサービス業の店長と作業
1983		基礎	チェーンストアマンの教養（全3巻のうち1巻）	ぱるす出版	チェーンストアとアメリカ社会・
1983〜	本格的チェーンストアづくりへ	技術原則	チェーンストアの実務原則（続刊中）	実務教育出版	商品構成（○） 仕入れと調達（○） 店舗レイアウト（○） ストアコンパリゾン（○）・ チェーンストアのマネジメント（○） 店内作業・ 部門別管理・
1986〜		経営システム	チェーンストアの新・政策（続刊中）		チェーンストア経営の目的と現状 チェーンストア経営の原則と展望（○） チェーンストア能力開発の原則（○） チェーンストア出店とSCづくり ディスカウンティング
2008		理念			21世紀のチェーンストア（○）
1988〜2009		業態別展開	フードサービス業	柴田書店	外食業王道の経営 上 経営戦略編 〃 下 ノウハウ編 1990年代の食堂経営Ⅰ、Ⅱ フードサービス業チェーン化入門（○）
1992〜			生協	コープ出版	生協店舗現論 生協バイヤー候補者のためのバイイングの基礎技術
1994		軌道	スーパーマーケット	商業界	SSMに軌道をとれ
2007		技術		ダイヤモンド社	流通革命の真実（○）
2008					チェーンストア組織の基本（○）
2010					チェーンストアの商品開発（○）・
				白桃書房	渥美俊一チェーンストア経営論体系、全3篇（○）
2011		基礎		ダイヤモンド社	流通業のための数字に強くなる本（○）

附録資料

B.渥美俊一著書の歴史的発展　・印は共著　○印は現在販売中

(1)商業の原点

発表時期	ねらい	シリーズ名	出版社	書名
1959～1960	本商人（ほんあきんど）		中小企業診断協会	経営のヒント60
		儲けるから儲かるへ	池田書店	実例による解説　もうかる商店経営 新しい商店　儲かる商店
1959～82のものを1997・98に再編集したもの	原点	商業経営の精神論と技術総論	渥美俊一選集（全5巻）	商業界	1巻　繁盛への道(○) 2巻　成長への道(○) 3巻　経営戦略への道 4巻　科学的経営への道(○) 5巻　チェーン化への道(○)
1998				商業経営の精神と技術

(2)ビッグストアづくり

発表時期	ねらい	シリーズ名	出版社	書名
1959～1966	夢の提案		中小企業診断協会	小売商業の近代化・ (日本の小売商業革命の展望)
		大量販売（全5巻）	文化社	日本のスーパーマーケット・ 大量販売の基礎条件 大量販売の戦略 大量販売の技術 急速成長企業の戦略 体質改善の戦略
			商業界	時流にのる商店経営
1962～1967	ビッグストアづくり	食堂ビッグ化	柴田書店	食堂経営入門 食堂の経営戦略
1967～1969	基礎	ビッグストアへの道（全11巻のうち10巻）	ビジネス社	小売業成長の秘密 マーチャンダイザー入門 店づくりの新戦略・ これからのスーパーマーケティング・ ストア　マネジャー入門・ 商品スタッフの新機能・ これからの店員の基礎知識・ ショッピングセンターの経営・ 商店経営の組織づくり 小売業はどうなるか・
1971	政策			商店経営に強くなる辞典
		流通の戦略（全8巻のうち5巻）	ダイヤモンド社	マス　マーチャンダイジング ショッピングセンター・ マンパワー　ディベロップメント・ チェーンストア　マネジメント（組織と管理）・ チェーンストア　エイジ・
2004	原則		商業界	小から大への成長法則　―ビッグストアづくりの急所―

C. ペガサスセミナー体系

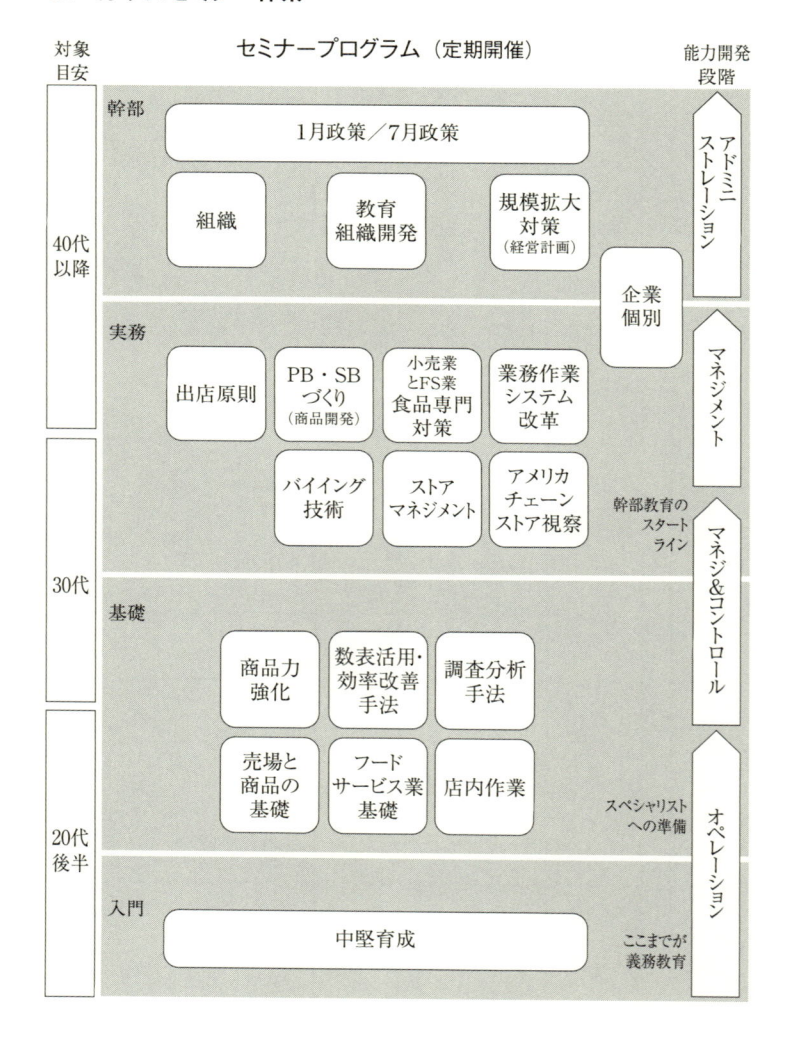

セミナープログラム（定期開催）

対象目安	段階	プログラム内容	能力開発段階
40代以降	幹部	1月政策／7月政策 組織／教育組織開発／規模拡大対策（経営計画）／企業個別	アドミニストレーション
	実務	出店原則／PB・SBづくり（商品開発）／小売業とFS業食品専門対策／業務作業システム改革	マネジメント
30代		バイイング技術／ストアマネジメント／アメリカチェーンストア視察	マネジ&コントロール （幹部教育のスタートライン）
	基礎	商品力強化／数表活用・効率改善手法／調査分析手法	
20代後半		売場と商品の基礎／フードサービス業基礎／店内作業	オペレーション （スペシャリストへの準備）
	入門	中堅育成	ここまでが義務教育

附録資料

D.日本リテイリングセンター方式"職能"適性検査

(a) スペシャリストへの適性は生まれつき1人1人違っているものです。しかしわが社の現在のスタッフは適切な人なのか、バイヤーは、ストアマネジャーの任命は正当か、誰をスタッフやラインスタッフとして育成すべきか、将来のトップ候補は、などは、どの企業でもなかなかこれでいいとは、決めかねる問題です。

(b) どこも、口先では「わが社は適性配置」をしているとじまんげに言いますが、本当のところは、「適性配置」かどうかについて自信はないはずです。

> 生まれつきの素質だけで、どの職位に誰をつけるべきかを決めるのは、決して正当ではありません。なぜならAという職能を果たしうる能力は、XとYとZという技術的知識と十分な職務経験のあることが前提だからです。
> 従って、企業としてAという職位を必要とする以上、その候補者にXとYとZという能力を事前に身につけさせねばなりません。そのさい、その人の生まれつきの素質はXには向くが、Yには向かないということが予じめ判っていれば、その知識と経験とを与える直前に、本人にとって比較的楽にできる仕事か、それとも特別な努力や忍耐がいるかのサジェッションを与えることができます。そのように面倒をみることが適正な「配転」なのです。

(c) このような職能・職位間の定期的(1.5～3年間ごと)配転を前提としてはじめて、企業として成長可能な、本格的な人づくり組織開発が進むこととなります。

(d) 私どもの適性検査方式は、これまでにアメリカで80年、日本の流通業でもすでに40年間(約15万人が受験)もの実績がなによりの証拠です。

------- 留意点 -------

> 日本では現在、多種の適性検査がさまざまな機関で実施されていますが「検査直後の採点管理をやりやすくするために」設問の内容と順序とを改悪している例が少なくありません。こうした検査は、日本リテイリングセンター型よりも短時間で低コストで簡単に実行と判定ができますが、組織開発にはむしろ逆効果となってしまいます。

■タ
待遇　　　　　　　　　　33,35,36,294
ダイナミック・マネジメント　　　246,247
タスクフォース　　　　　117,256,258
タレント　　　　　　　65,66,186,187
チェーンストア経営　　26,27,45,48,49,68,72,
　　　　　　　86,90,105,122,152,158,169,
　　　　　　　228,238,240,246,259,338
賃金　　83,167,275,277,279~285,287~292
手順
　　　23,67,103,106,108,112,121,131,210,293
店長　　　　　　　「ストア・マネジャー」も参照
　　　　　6,50,51,60,61,77,88,112,113,131,132,
　　　157~159,167,168,174,195,197,200,253
道具　　　　　　66,83,103~106,108,114,
　　　121,129,131,237,268,269,293,299,316
動作　　　　23,25,67,103,104,106,108,121,
　　　　　　　　　　　　　　　　131,293
トップ　　34,35,38,39,49,57,60,75,76,83,
　　　　　117,119,133,134,139,185,204,217
トップ・マネジメント
　　　　　61~64,71,72,122,131,132,312~334,341
トレーニー　　　68,70,126,149,262~265,319
トレジャラー　　　　　　　　　217~221

■ナ
人時生産性　　　　　168,197,209,289~293

■ハ
配転　　　　　　　36,52,215,237,241~258
バイヤー　　77,157~166,170~194,197~199
判断　　　70,143~150,258,260,264,269,319
ビッグストア　　　7,85,165,221,239,275,304
ヒューマン・インベントリー・ファイル　　237,238
評価　　4,6,25,36,47~49,58,105,131,151~154,
　　　170~193,197,236~238,261,262,274,294,332
プッシュ型　　　　　　　　　　　90~92
プラン　　　　　　　　134~139,153,264
プル型　　　　　　　　　　　　90~92
プレゼンテーション　　　　　186,190,198
プログラム　　　　　　　　　　　　135
プロジェクト
　　　　115~119,134~139,209,225,318,324,327
プロジェクト・チーム　　　　　238,256~258

プロセデュア　　　　　　　　　　　135
分業　　5,19,28~38,46~51,56~92,94,97,
　　　105,117,127,128,157,170,184,228
分析　　　70,143~150,258,264,269,319
ペガサスクラブ　　32,77,83,85,87,119,177,
　　　　　239,244,277,282,286,336~339
ヘッド・スペシャリスト　　65,66,117,210
報告　　4,75,80~82,102,103,137~139,158,168
報酬　　　4,36,96~98,125,126,139,153,154,
　　　　　　　　　　　236,275,283,296
本部　　　　　　2,51,78,86~92,168,169,
　　　　　　232,234,250,251,253,323

■マ
マーチャンダイザー　160,165,170~176,187~190,193
マーチャンダイジング　　162~166,187,329
マーチャンダイズ・マネジャー　　188~190
マテリアル・マネジャー　　　　　180,181
マニュアル　　　3,67,90,104~119,125,210,
　　　　　　　　　261,284,285,293,299
マネジメント　　2,22,23,38~42,45,89,144,
　　　158,170~203,210,224,318
マネジャー　65,66,96,99,100,126,131,139,293
未来組織図　　　　　235,236,239,269,270
命令　　　2,4,6,36,61,81,82,94~106,117,
　　　　　121,126,138,201,221,313

■ヤ
要員計画　　　　　　　　239,240,244

■ラ
ライン　　　　　　　　　　74,161,204
ラインスタッフ
　　　75,76,117,119,185,204~211,225,256
リサーチ・エキスパート　　　　　　　182
労使交渉　　　　　　　　　　　304~309
労働組合　　　　　　90,283,297,300~309
労務管理　　51,90,270,274~286,297~299,302

■ワ
ワーカー　67,68,71,72,81,122,124~126,202,261
ワンマン　　　　　　　　　　211,314,315

348

用語索引

■ア

アシスタント・バイヤー	「バイヤー」参照
アドミニストレーション	312~322,325
インスペクター	210
インダストリアル・エンジニアリング	22,24,269
エグゼクティブ・ディブロップメント・キャリア・プログラム	222
エクソン[Exxon]	26,40,138
エデュケーター	83,217,229~271
エリア・マネジャー	51,84,199~201,210,249
オフィス・マネジャー	77,178,224
オペレーションライン	73,75,76,80,88,131,156~160,163,167~169,184,195~204,209,210
オペレーションライン・マネジャー	156~160,167~169,197~203,209,210,253,292,293

■カ

会議	3,43,129,133,134
階層	4,5,59~73,80,82,122,246~249,253,259,282
肩書	6,29,56~58,61,77,78,83,320,327
稼働計画	131,201,202,292,293
カリスマ	50,51
観察	39,70,143~150,258,264,269,319
完全作業	36,66~68,73,86,88,105~109,115,125,159,167~169,195,210,224,238,261,284
管理	「マネジメント」も参照 2,3,24~27,38~41,89,202
企業文化	42~53,252,255,271,304,327,332,339
義務	4~7,29,105,120~126,146~150,171,193,195,202,209,252,261
教育システム	33,52,70,259~267,309
クリエイティブライン	73~76,157~166,170~199,204
経営者	6,21,32,49,292,297,301,312~334,338
経営戦略	62,64,212,221,301,302
権限明細表	129
後継者	323~328
効率数値	64,66,127,128,135,152,171,219,269,289,316
個店主義	88
個別対応	100
コミットメント	140~142
コントローラー	219

■サ

サービス	75,76,212,223~225
在庫コントローラー	176,194
財務スタッフ	「トレジャラー」参照
作業システム	8,292
作業割り当て	114,292,293,196,292,293
シアーズ[Sears (Roebuck)]	27,32,40
資格試験	68,70,124,186,261,262,264,269,276,285
自己育成	33,35,36,47,68~70,124,154,235~239,242,243,260,269,306
システム	89,115,209,243,332
シーゾナル・バイヤー	191,192
社内ディストリビューター	184,186,187
就業規則	97,98,277,285,287
商品部	76,77,156~158,166,170~194,205
職位	8,77~85,128,243,244,246~255,269
職能	4,5,59,73~77,82,242~244,248
職場環境	33,45,53,274~276,292,305,309
職務給	98,284
ジョブ・ローテーション	「配転」参照
人材対策	31~33,35,62,229,230
人材棚卸し	237,239,244
人事構成	232,237,239
数値責任	3,126,139,171,173
ステープル・バイヤー	163
スーパーインテンデント	197~202,210,282
スーパーバイザー	209,210,282
スカウト	219,240,253~255,270
スケジューリング	134~138
スタッフ	75,133,134,139,212~222,229,250,266,268~271,341
ストア・コンパリゾン	260,269,319~321
ストア・マネジャー	199~203,209,235,249
責任	3~7,29,58,70~72,120~143,146~154,170~176,193,195,202,209,215,236,252,287,314,322~334
ゼネラリストスタッフ	218,221,222
戦術	64
戦略	62,64,212,221
創業者	283,296,324~326
ゾーン・マネジャー	51,199~201
組織開発	83,228~272,274,275,301
組織開発担当者	「エデュケーター」参照
組織図	80~85,228,247,249,270

■著者渥美俊一の紹介

1926年（大正15年）、三重県松阪市に生まれる。官立第一高等学校文科を経て、1952年（昭和27年）東京大学法学部卒業、同年読売新聞社に入社。「商店のページ」担当主任記者として商業経営の革新運動を開始し、1962年（昭和37年）にチェーンストア経営研究団体「ペガサスクラブ」を設立・主宰。翌年の1963年（昭和38年）には、わが国唯一のチェーンストア経営専門コンサルティング機関である日本リテイリングセンター（現在、加盟社約550社）を設立し、2010年（平成22年）に死去するまでチーフ・コンサルタントを務める。ほかに日本チェーンストア協会相談役（元初代事務局長）、2008年（平成20年）には法政大学経営学部客員教授に就任した。著書は単独執筆が57冊、共著33冊、合計90冊。

■日本リテイリングセンター（ペガサスクラブ事務局）が提供するサービス

1. コンサルティング……テーマは経営戦略、経営政策、組織、教育、人事、労務、労組、商品、売場づくり、投資、店舗、物流、D.C.、P.C.、管理、計数、財務、経営家族など。方法は相談、実地・実物診断、解説、必要な時は講義。原則として東京JRC内で行います。適時現地出張も可能です。

2. 機関誌……毎月初め約150ページの「経営情報」（重要セミナー講義速記録・チェーン資料etc.）を会員に送付。

3. 国内セミナー……国内セミナーは平成22年12月末で計2,535回目。最近は1か年約25回開催。①定型（くり返し）、②定期（毎回内容変更）、③継続（前回出席者のみ参加可能）、④臨時（必要時のみ）の4形式。内容は、①入門、②基礎、③技術・専門実務、④トップマネジメント向けに分かれ、いずれも、3日または2日間コースで、すべてチェーンストア経営として体系づけられています。

4. 海外セミナー……毎年1回大部隊編成でアメリカのカリフォルニア州やネバダ州中心にチェーンストアとショッピング・センターを見学、分厚いテキストとハードスケジュールで有名だが、国内セミナーで理論武装をしながら、他方実物で確信に到達するための必須コース。つねに小売業の食品と非食品コースがあります。このほか買付、フード・サービス業、特殊テーマ研究などのコースも適時行われています。

5. 企業内訓練……上記3.と4.を企業単位に行う時は1.と並列です。

6. 職能適性（素質）検査……希望者まとまりしだいJRC内で実施。多勢の場合出張もします。このほか部長以上の適格性評価も行います。

7. 斡旋、貸出し……土地利用計画、店舗とS.C.設計、改装、マニュアルと教材づくり、労働事件その他特殊経営分野の援助と専門機関の紹介、日米チェーンストアのストアブランドとプライベート・ブランド商品実物見本と広告実物見本。

8. 販売……JRC発行物のほか、JRC所属コンサルタントの著書。ペガサスクラブ機関誌月刊「経営情報」の個人予約購読もできます。

9. 資料提供……毎年度日本ビッグ・ストア統計、同初任給統計、同ペガサス会員企業統計、上場流通企業経営効率比較表。

10. フィランスロピー
専門図書館…日本チェーンストア経営専門図書館「ペガサス文庫」寄贈、（図書約2万冊、ペガサスクラブ有志からの寄付金約3,500万円で設立、法政大学「流通産業ライブラリー」内、閲覧自由。）

■お問い合わせ先

東京都港区南青山1-15-3 ペガサスビル　電話番号 03-3475-0621　FAX 03-3475-0616

チェーンストア組織の基本
成長軌道を切り開く「上手な分業」の仕方

2008年11月28日　第1刷発行
2024年 6 月26日　第8刷発行

著者：　渥美俊一

発売：　ダイヤモンド社
　　　　〒150-8409　東京都渋谷区神宮前6-12-17
　　　　http://www.diamond.co.jp/
　　　　tel. 03-5778-7240　　［販売］

発行：　ダイヤモンド・リテイルメディア
　　　　〒101-0051　東京都千代田区神田神保町1-6-1 タキイ東京ビル
　　　　tel. 03-5259-5941　　［編集］

構成：日本リテイリングセンター

協力：佐藤倫朗（デナリパブリッシング）

アートディレクション・デザイン：松﨑稔

製作・印刷・製本：ダイヤモンド・グラフィック社

編集担当：石川純一

©2008 Syunichi Atsumi
ISBN 978-4-478-09005-3
落丁・乱丁本はお手数ですが小社営業局宛てにお送りください。送料小社負担にてお取り替えいたします。但し、古書店で購入されたものについてはお取り替えできません。
無断転載・複製を禁ず　printed in Japan

◆ダイヤモンド社の本◆

日本流通業のルーツがここにある！

700社を超える企業を育て上げ、小売総売上高24兆円以上を達成した「経営指導者」が初めて明らかにする真相。

流通革命の真実

渥美俊一［著］

●四六判並製●定価（本体1800円＋税）

http://www.diamond.co.jp/